코칭의 심리학

심리학 기반의 코칭 접근

| 김은정 저 |

학지사

❖ 머리말

코칭을 하는 데 심리학 공부가 필요한가요? 어떤 심리학 분야나 내용이 코칭을 하는 데 도움이 되나요? 상담심리 공부를 해야 하나요? ……바로, 심리학자이면서 코칭을 하고 있는 제가 자주 접했던 질문입니다. 인간 행동에 대한 검증된 심리학 이론과 지식은 사람을 대상으로 하는 코칭에 당연히 도움을 줄 수 있을 것입니다. 그러나 방대한 심리학 지식 중에서 어떤 내용을 코칭에 활용할 수 있을지, 코칭 과정에 어떻게 적용할 수 있을지에 대해서는 명쾌한 답을 찾기가 쉽지 않습니다. 실제로 상담 및 심리치료 분야 내에서도 여러 접근 간의 결합 혹은 통합이 이루어지고 있습니다. 그런데 기법 차원의 결합인지 아니면 기본 철학을 공유한 결합인지는 구분되어야 할 것입니다. 기존의 코칭 장면에서 상담기법의 활용은 전자의 경우가 대부분입니다. 유사하다고 해서 기대하는 효과를 확신할 수는 없습니다. 상담과 코칭은 서로 나름의 지향하는 바가 다르고 상담자와 코치의 역할에도 차이가 있기 때문입니다. 따라서, 코칭의 기본 철학과 지향하는 바를 토대로 한 상담기법의 적절한 활용이 되어야 코칭의 효과가 배가될 것입니다. 상담심리학뿐만 아니라 다양한 심리학 분야의 지식은 개인이 원하는 성장을 촉진하거나 혹은 방해하는 심리적 요인을 확인하여 변화를 효과적으로 지원하는 데 중요한 역할을 할 수 있을 것입니다. 이 책은 이러한 기대를 실현하기 위한 첫걸음이라 할 수 있습니다. 기존의 심리학 지식을 코칭에 적절히 활용하기 위해서는 어떤 작업이 선행되어야 하는지, 기존 코칭의 접근과 기법들의 효과를 심리학으로 어떻게 검증해 보일 수 있는지에 초점을 두었습니다.

심리학은 개인의 독특성에 대한 이해는 물론 개인이 원하는 변화와 성장을 효과적으로 돕는 데 더할 나위 없이 중요한 학문 분야입니다. 생애발달 단계마다 경험하는 독특한 갈등과 발달 과제가 무엇인지, 원하는 대로 행동하려면 무엇이 필요한지, 무엇이 사람들로 하여금 변해야겠다는 결심을 하게 만드는지, 특정 욕구와 행동 간에는 어떤 관련성이 있는지, 사람들이 왜 동일한 상황을 서로 다르게 보는지, 감정이 어떻게 특정 방향으로 행동하게 이끄는지 등등 인간의 심리와 행동 전반에 대한 방대한 지식이 심리학에 있습니다.

최근 소개된 코칭심리학은 심리학 지식을 코칭에 활용하는 것을 넘어서 코칭 과정에서 일어나는 변화 과정을 심리학적으로 연구하는 학문입니다. 아직 코칭심리학 이론과 지식 체계가 확립되지 않았기 때문에 이 책에서는 이론과 실제를 다루는 내용을 담고 있지는 않습니다. 이 책은 향후 코칭심리학 이론을 개발하고 경험적으로 이를 검증함으로써 코칭이 탄탄한 지식 체계를 갖춘 학문 분야로 성장해 나가는 데 도움이 될 방향성을 조심스럽게 제시하고자 합니다. 기존의 코칭 스킬 위주의 내용이 아닌, 코칭을 통한 피코치의 변화 경험을 구체적으로 세분화하고 이 과정에서 작동하는 심리학 기제들을 정리했습니다. 또한 코칭에서의 의미 있는 변화 과정을 심리학 관점으로 바라보고 각 변화 단계에 적절하게 활용할 수 있는 심리학 지식들과 구체적인 활용 방안들을 소개했습니다.

이 책은 심리학으로 코칭을 재구성한 것입니다. 심리학이 어떻게 코칭의 근거로 활용이 되고 코칭 전문성을 높이는 데 기여할 수 있는지에 관한 내용을 담고 있습니다. 또한 개인의 성장을 향한 추구 과정을 어떻게 하면 보다 효과적으로 지원할 수 있는지를 기존의 심리학 이론과 개념들로 정리해 놓았습니다. 코칭은 누구나 타고난 성장 욕구를 자극하는 것으로 시작하여 자기 인식을 토대로 원하는 방향으로의 변화를 주도적으로 이끌어 나갈 수 있도록 지원해 주는 과정입니다. 이 책을 통해 가치있는 변화를 이루기 위해서는 어떻게 목표를 정해야 하는지, 변화를 위해 어떤 준비가 필요한지, 변화를 위한 실행 과정에서 내·외부 저항요인에 어떻게 대응해야 하는지, 목표한 바를 이루었다면 성취 경험을 어떻게 성장 자원으로 만들 것인지에 관한 심리학 이론과 지식을 소개했습니다. 따라서 코칭을 처음 시작하는 코치, 차별화된 코칭 역량을 개발하고자 하는 코치 그리고 향후 코칭심리학의 발전에 기대와 관심이 있는 분들께 많은 도움을 줄 수 있을 것입니다.

서두에 소개한 바와 같이, 처음엔 주위로부터 받는 질문들에 좀 더 명쾌한 답변을 찾아 정리해 주고 싶은 마음으로 순진한 도전이 시작되었습니다. 그런데 점점 시간이 지날수록 스스로에게 부과하는 높은 기대치 때문에 이 도전은 부담스러운 과업으로 변해 가는 듯했습니다. 욕심과

능력 간의 힘겨운 줄다리기를 하면서도 더욱 명확해진 것은 어디로 향해
가야겠다는 방향성이었습니다. 이 과정에서 관심과 격려를 아끼지 않았
던 든든한 동료와 친구들에게 감사의 마음을 전합니다. 마지막으로, 쉽
지 않은 편집작업에 최선의 노력과 정성을 기울여 주신 학지사의 강대건
선생님과 소중한 기회를 주신 김진환 사장님께 감사드립니다.

2016년 5월

김은정

❖차 례

제2부 심리학 기반의 코칭 접근

제1부

코칭의 진화

코칭은 사람들의 변화와 성장을 돕는 과정이다. 특정한 방향의 목표를 갖고 변화를 꾀하고자 하는 사람들에게 코칭이 하나의 효과적인 조력과정으로 자리 잡기 시작한 것은 그리 오래되지 않았다. 코칭의 역사는 전 세계적으로 약 20여 년 정도 그리고 국내에서도 약 15년 정도에 불과하다. 하지만, 이런 짧은 역사에 비해 현재 코칭 산업의 성장 속도는 상대적으로 매우 빠르다. 전문코치들의 수와 관련 교육기관 및 협회의 수가 빠른 속도로 증가하고 있고 이와 함께 대중적인 관심도 크게 증가하고 있다. 그러나 한편으로는, 코칭과 코칭 산업의 지속적인 발전을 위해서 해결해야 할 당면과제들이 있다. 이러한 당면과제들을 해결하고자 코칭의 진화가 시작되었다.

제1부에서는 코칭 실무와 코칭 산업의 차원을 뛰어넘어 코칭이 체계적인 학문 분야로 토대를 갖추기 위해 필요한 요소가 무엇인지 그리고 현재 이와 관련된 어떤 움직임들이 진행되고 있는지에 대해 소개하고자 한다.

THE PSYCHOLOGY OF COACHING

01
코칭의 이해

우리는 살아가면서 끊임없이 지금과 다른 모습을 꿈꾸거나 혹은 요구 받는다. 코칭은 사람들이 변화를 꾀하고자 할 때, 보다 많은 만족감과 의미를 느낄 수 있는 목표를 정하고 이를 향해 나아갈 수 있도록 숨은 잠재력의 발휘를 돕는다. 또한 코칭은 목표를 이루는 과정에서 경험한 자신에 대한 성찰을 바탕으로 지속적인 성장에 필요한 자원을 구축하도록 돕는다. 코칭의 잠재 대상과 이슈는 매우 광범위하다. 학업이나 친구관계에서 자신이 기대하는 모습을 보이고 싶은 청소년들, 진로와 경력 개발 과정에서 보다 명확한 방향을 찾고 싶은 사람들, 자녀양육에 대한 자신감을 얻고 싶은 부모, 구성원들을 보다 효과적으로 이끌고자 하는 조직의 리더, 삶의 변화와 새로운 역할에 신속하게 적응하거나 지금보다 더 의미 있고 행복한 삶을 살고자 하는 사람들에 이르기까지 그 한계를 짓기가 어려울 정도다.

코칭이 언제 어떻게 시작되었는지, 즉 코칭의 기원에 대한 문헌들과 학자들의 의견은 다양하다. 이는 정확한 유래와 기원을 찾기가 어려운 점도 있지만, 다른 한편으로는 무엇을 코칭이라고 할 것인가에 대한 합의된 정의가 부족하기 때문이기도 하다. 코칭의 정체성을 명확하게 기술하기 위해 이와 관련된 분야들과의 차이점을 생각해 보는 것이 도움이 될 것이다.

1. 코칭의 차별성

사람들은 흔히 '코칭' 하면 스포츠 선수들의 훈련 장면을 떠올린다. 코치라는 명칭은 선수의 기량을 높이기 위해 효과적인 훈련 방법과 기술 습득을 돕는 전문가들에게 처음 붙여졌다. 이에 따라 사람들은 코칭 하면 운동선수를 체계적으로 훈련시키는 전문가의 모습을 자연스럽게 연상하게 된다. 예를 들어, 새로운 기술을 가르치고 체력을 체계적으로 강화시키며, 다양한 상황에 대응할 수 있는 전략을 학습시키는 것이다. 그런데, 이는 코치보다는 트레이너의 역할에 더 가깝다. 유능한 스포츠 코치들의 모습을 잘 살펴보면, 이들은 본인이 알고 있는 더 좋은 방법을 선수에게 직접 가르치기보다 선수에게 효과적인 방법이 무엇인지 스스로 경험을 통해 발견하게 해 준다. 그리고 도달하고자 하는 목표를 명확하게 공유하고 이를 달성하는 데 필요한 자원과 자신감을 어떻게 얻게 할 것인지에 초점을 둔다. 이는 선수들의 운동 역량뿐만 아니라 심리적이고 성격적인 면에서의 장점과 약점을 정확하게 알고 있기에 가능하다. 무엇보다 유능한 코치는 선수 스스로 명확한 목표 의식과 동기를 가질 수 있도록 전문적으로 돕는다. 이러한 스포츠 코치의 역할은 이 책에서 말하는 코칭의 개념에 많이 근접해 있다. 단지 차이는 스포츠 코치의 경우, 정해진 목표와 어느 정도는 틀에 짜인 기술 습득과 훈련 과정이 더 많이 포함되어 있다는 정도일 것이다.

이번에는 코칭보다 더 오랜 역사를 지닌 전문적인 조력과정들과 비교를 해 보자. 대표적으로 상담, 멘토링 및 컨설팅이 코칭과 유사하게 여겨지는 분야일 것이다. 코칭을 이들과 적절히 비교하는 데 두 가지 기준이 유용하게 활용된다. 첫째, 누가 전문가인가? 둘째, 누가 답을 갖고 있는 가[1]다. 현재 도움을 받고자 하는 이슈에 대해 누가 더 전문적인 지식과 경험이 많은가라는 기준에서는 코칭은 상담 및 컨설팅과는 정반대 지점에 있다. 왜냐하면 코칭은 코치보다 코칭을 받는 사람, 즉 피코치가 자신의 변화와 성장에 대해 더 많은 지식과 경험이 있다고 가정하기 때문이다. 따라서 코치는 피코치를 가르치려 하지도 않고 가르칠 수도 없다. 물론 이슈나 상황에 따라 피코치는 코치에게 필요한 전문 지식을 요청하기도 한다. 하지만 이는 코칭의 기본적인 과정이라기보다는 피코치의 요청에 따른 적절한 대응 혹은 도움일 뿐이다. 즉, 코칭의 핵심요소는 아니다. 또 다른 기준은 누가 질문을 하고 누가 답을 하는가다.

코칭은 컨설팅처럼 전문가가 체계적인 분석작업을 통해 고객이 얻고자 하는 솔루션을 '제시'해 주는 것이 아니라 효과적인 질문으로 피코치 '스스로 자신에게 맞는 답을 찾도록' 도와주는 것이다. 멘토링은 멘토가 자신의 유용한 경험과 정보를 멘티와 공유함으로써 멘티의 성장을 돕는 과정이다. 코칭에서 코치와 피코치 간의 수평적 관계와는 달리 멘토와 멘티의 관계는 수직적 관계에 가깝다. 멘토의 전문적인 대화 기법이나 프로세스보다는 멘토와의 긴밀한 관계, 경험과 정보의 유용성에 따라 멘토링의 효과가 달라질 수 있을 것이다.

아마도 코칭과 가장 근접 영역에 있는 것이 바로 상담과 심리치료이며, 이들과 코칭이 서로 중첩되는 부분이 가장 많을 것이다. 심리치료를 굳이 상담과 구분을 해 본다면, 정신병리와 성격역동에 대한 보다 전문적인 지식을 토대로 분석적인 작업을 통해 진단을 내리고 심리적 갈등과 부적응 문제 행동을 없애기 위해 체계적인 치료 과정이 진행되는 것이 심리치료라고 할 수 있다. 이런 면에서 심리치료자는 좀 더 전문적인 견지에서 이슈를 바라보고 판단 내리며 변화 과정을 주도하는 역할을 할 수 있다. 이에 비해 코칭에서는 피코치가 스스로 변화를 주도하는 것이 차이점이다. 상담의 다양한 접근에 따라 차이는 있겠으나, 전반적으로 상담이 심리치료에 비해 코칭과 더 유사하다. 구체적으로 상담자와 내담자(상담을 받는 사람)가 보다 동등한 수준에서 파트너십을 맺고 내담자 주도의 변화 과정이 상대적으로 더 많이 이루어지기 때문이다.

마지막으로 상담과 코칭의 차이점을 좀 더 구체적으로 살펴보자. 상담의 여러 접근 중 특히, 내담자 중심의 접근, 동기 강화 상담 접근, 해결중심적 상담 접근 등은 코칭과 기법 면에서 유사한 점이 많다. 뿐만 아니라 내담자 중심의 접근과 코칭은 인본주의 철학을 공유하고 있기도 하다. 그러나 전반적으로 상담과 코칭을 구분하는 기준은 기법이라기보다는 인간 본성에 대한 관점이며, 더 나아가 관점보다는 궁극적으로 지향하는 방향이라 할 수 있다. 코칭은 내담자 중심의 상담 접근과는 인본주의적 철학 및 기법 면에서 유사한 점이 많다. 그럼에도 상담은 현재 겪고 있는 심리적 불편감을 해소하고 이전의 안정 상태로 회복시키는 것이 우선적 목표인 반면, 코칭은 현재 이슈 해결을 넘어 장기적이고 지속적인 성장을 위한 토대를 구축하는 것이 주요 목표라는 점에서 차이가 있다. 이 차이는 단지 목표를 어디에 두느냐에 국한된 것만이 아니다. 지금 현재 심리적 고통 해결에 초점을 둔다면, 어떤 심리적 어려움이 있는지, 이것이 얼마나 심각한지, 그리고 심리적 어려움이 어디에서 온 것인지, 그 원인을 찾는 작업이 우선적으로 진행될 것이다. 명확한 원인을 찾아 제거하는 것과 새로운 방향으로 변화를 꾀하는 데 필요한 자원을 찾는 것은 다른 방향의 작업이다.

　코칭은 현재는 어려움이 있지만, 이전의 성공 경험과 잠재력을 발휘했던 사례들을 떠올리며 발휘되고 있지 못한 긍정적 자원에 주의를 갖게 한다. 따라서 현재 어려움을 넘어 장기적 차원에서 성장 자원을 어디에서 찾을 것인지에 상대적으로 더 많은 관심을 기울인다. 그런데 그렇다고 해서 코칭이 항상 개인의 유능하고 긍정적인 면만 바라보게 한다는 것은 아니다. 궁극적 지향점이 지속적인 성장이므로 단지 현재 문제 해결에만 초점을 두는 것은 제한적이라는 생각 때문이다. 지속적인 성장의 토대를 마련하기 위해서는 문제가 되는 부분 혹은 부정적인 요소들을 제거하는 것을 넘어서 새로운 역량을 갖추고 잠재적인 자원을 발휘할 수 있도록 도와주어야 한다. 흔히 '실패하는 101가지 원인'을 알고 있어도 기대하는 성공을 이루는 데 별로 도움이 되지 않는다고 말한다. 마치, 문제가 발생한 동일한 수준의 사고로는 문제를 해결할 수 없다는 알베르트 아인슈타인(Albert Einstein)의 말처럼 문제를 해결하는 방법과 새로운 변화를 만들어 가는 방법은 다를 수 있다. 코칭은 새로운 변화와 성장을 지향한다는 점에서 상담과 차이가 있다.

　코치의 역할과 요건에 대해 살펴보는 것도 코칭을 다른 조력 분야와

구분하는 데 도움이 될 것이다. 흔히 코치라고 하면, 코칭을 받는 대상자
보다 연령과 경험 면에서 우위에 있어야 한다고 생각한다. 코치가 상대
방이 아직 깨닫고 있지 못하는 부분을 구체적으로 알려 주거나 모르고
있는 방법을 제공해 주는 것으로 생각하기 때문이다. 조직의 리더를 대
상으로 한 리더십 개발 코칭을 예로 들어 보자. 물론 리더십 개발 코치
가 코칭 대상자의 관련 업무에 대한 경력이나 전문성을 풍부하게 갖추고
있다면, 어떤 조직과 업무에 대한 코칭 이슈가 나오더라도 맥락을 정확
하게 이해하고 공감하는 데 유리한 조건이 될 것이다. 때로는 아직 경험
이 부족한 신임 리더의 시각을 넓혀 주거나 실질적인 조언도 해 줄 수 있
을 것이다. 그러나 이는 코치 개인적인 경험과 경력이 갖는 부가적인 효
과이며, 이것이 코칭의 핵심이 될 수는 없다. 코치의 핵심 역량은 코칭의
지향점과 철학을 토대로 코칭 과정을 전문적으로 이끌어 가는 능력이다.
이 과정에는 특정 코칭 이슈에 대한 전문적 경험보다는 피코치 개인에
대한 전문적이고 통합적인 이해가 더 중요하게 요구된다.

2. 코칭의 범위와 분류

코칭의 특징은 높은 수준의 확장성과 접근성이라 할 수 있다. 상담과
심리치료와 같은 조력전문 분야와 비교해서 코칭은 대상자들이 심리적
으로 느끼는 부담감이나 거부감이 상대적으로 적어 접근성이 높은 편이
다. 또한 특정 증상이나 이슈에 따라 특화된 전문 기법을 활용하기보다
는 다양한 이슈에 공통적으로 활용 가능한 접근과 기본 기법을 사용한다

는 점은 코칭 적용범위의 확장에 상대적 이점으로 작용할 수 있다. 코칭이 활용 가능한 영역은 명확하게 한정 짓기가 어려울 정도로 확대되어가고 있다. 아울러 코칭의 목적, 대상과 맥락들도 세분화되고 복잡해지고 있다.

첫째, 코칭은 목적과 접근 방식에 따라 기술 코칭, 수행 코칭 그리고 개발 코칭으로 구분될 수 있다.[2] 기술 코칭은 특정한 기술 세트를 개발하는 것에 초점을 두며, 구체적인 내용과 과정으로 이루어진다. 때로는 코치가 기술 습득에 필요한 롤 모델이 되어 주기도 하고 피코치의 기술 습득 과정을 모니터링하고 피드백을 해 주기도 한다. 커뮤니케이션 코칭, 프레젠테이션 혹은 협상 스킬 역량을 갖추기 위한 코칭이 바로 그 예다. 수행 코칭은 특정기간 내에 기대하는 수준으로 수행을 이루어내기 위한 코칭으로서 목표 설정, 장애요인 극복, 수행 평가와 모니터링 과정으로 이루어진다. 개발 코칭은 기술이나 수행 코칭에 비해 이슈나 주제의 범위가 상대적으로 넓다. 예를 들어, 리더로서 구성원들을 효과적으로 육성하고 성과를 관리하는 역량을 개발하는 것, 정서적 소통 역량을 개발하는 것, 혹은 전반적인 리더십 역량을 개발하는 경우가 이에 해당된다. 개발 코칭은 기술 코칭이나 수행 코칭에 비해 피코치의 객관적 자기 인식과 성찰을 중요시 하고 개별적 성향과 가치를 고려한 목표 설정 및 변화전략 수립에 상대적으로 더 많은 초점을 두는 면이 있다. 즉, 개인별 맞춤형 혹은 개별화 과정이 더 많이 요구된다.

둘째, 코칭은 주요 주제와 초점 그리고 맥락에 따라 크게 라이프 코칭, 커리어 코칭, 기업 코칭으로 구분될 수 있다. 라이프 코칭은 개인에게 초점을 두고 개인의 인생 전반에 걸친 변화와 적응 과정을 돕기 위해 새로운 역할과 발달 과업, 그리고 스트레스에 효과적으로 대처하거나, 삶의 방향성과 의미를 찾는 것을 목표로 진행된다. 따라서 스트레스 및 인간관계 관리, 일과 삶의 균형, 진로 결정 및 경력 개발 등 개인 삶의 영역에서 광범위한 이슈가 라이프 코칭의 주제가 된다. 커리어 코칭은 좁은 의미로는 직업 선택과 경력관리 및 개발에 초점을 두지만, 보다 넓은 의미로는 개인의 전 생애에 걸친 진로 발달과 일과 관련된 경험을 다루는 과정이다. 이에 따라 커리어 코칭의 일부 영역은 라이프 코칭과 중복되기도 한다. 기업 코칭은 라이프 코칭 및 커리어 코칭과 조금 다른 맥락에서 진행된다. 주로 개인을 대상으로 기업 코칭이 진행되기는 하지만, 코칭에 참여한 피코치는 조직에 소속된 구성원으로서 조직의 목표 달성과 방향성에 부합되는 역량을 효과적으로 발휘하는 것에 우선적인 관심을 두고 있다. 흔히 기업 코칭은 다양한 주제와 대상으로 진행되며 복합적인 형태를 취하는 것이 특징이다.

　기업 코칭은 주제에 따라 크게 리더십 개발 코칭, 경력 개발 코칭 및 업무 현장 코칭 등으로 나눌 수 있다. 동시에 CEO부터 임원, 관리자 그리고 구성원에 이르기까지 대상에 따른 구분도 이루어진다. 구체적인 예로, 임원 코칭은 조직에서 책임과 권한을 가진 임원을 대상으로 리더십 개발을 포함한 조직의 성과에 기여할 수 있는 핵심 역량을 개발하는 것을 주요 목표로 진행된다. 때로는 개인적인 삶의 균형과 스트레스 관리를 목표로 진행되기도 한다. 따라서 임원 코칭은 주로 개발 코칭인 경우가 많으며, 기술과 수행 코칭이 일부 포함되어 진행되기도 한다. 관리자 코칭의 목표는 구성원들의 육성과 성과 관리에 필요한 리더십 역량 강화이며, 조직의 중간관리자나 팀장들이 주요 대상이다. 경력 개발 코칭은 조직 내 구성원들의 체계적인 경력 개발 과정을 지원하거나 경력 전환에 필요한 준비 과정을 돕는 것을 목표로 진행된다. 이 경우, 앞서 소개한 커리어 코칭 과정의 형태로 코칭이 진행될 수도 있다. 마지막으로 업무 현장 코칭은 업무 현장에서 구성원들과의 효과적인 업무 소통을 위해 필요한 기술을 학습하거나 관리자 혹은 감독자들이 업무장면에서 직면하는 이슈들에 효과적으로 대처하는 능력을 개발하는 것에 초점을 둔다.

그 외에, 건강 코칭은 아직 다른 나라에 비해 우리나라에서는 발전 속도가 느린 편이나, 국내에서도 건강관리와 증진에 대한 관심이 크게 증가되면서 향후 발전 속도가 빨라질 것으로 예상되는 코칭 분야이기도 하다. 학습 코칭은 우리나라에서 특히 빠르게 시장이 확대되고 있는 분야라 할 수 있다. 학습 코칭은 단순히 학습 과정을 관리하고 피드백해 주는 것을 넘어서서 학생들의 잠재 능력을 보다 적극적으로 계발하고 자기주도학습을 체계적으로 지원을 해 준다는 의미에서 코칭의 핵심요소를 포함하고 있다.

기업 코칭과 라이프 코칭은 코칭의 출현시점과 비슷한 시점에서 발전해 온 코칭 분야로서 코칭의 기본 철학과 접근 방식을 그대로 따르는 편이라 할 수 있다. 이에 비해 건강 코칭과 학습 코칭은 각 영역에서의 기존 서비스나 관리 방식에 코칭의 요소를 추가하여 효과를 높이거나 혹은 대중적인 접근성을 높이고자 코칭이라는 용어를 사용하는 면도 있어 보인다. 그러므로 건강 코칭과 학습 코칭이 코칭의 기본 가정이나 철학 그리고 프로세스를 얼마나 활용하는지에 따라 그 외 다른 코칭 분야와의 유사점과 차이점이 보다 명확해질 것이다.

3. 코칭의 정의와 핵심요소

코칭은 일상 혹은 업무 상황에서 사람들과 나누는 특정한 대화 방식이라는 점에서 보편적인 속성을 갖고 있다. 하지만 동시에 계약에 의해 전문가가 제공하는 서비스라는 점에서 독특성도 지니고 있다.[3] 코칭의 정체성을 명확하게 정의할 수 있다는 것은 코칭이 무엇을 얻기 위한 것인가(코칭의 목적), 어디에서 누구에게 코칭을 할 것인가(코칭의 맥락과 대상), 코칭을 어떻게 할 것인가(특정한 코칭 방법과 과정)에 대해 구체적으로 기술할 수 있다는 의미다. 예를 들어, '조직에서 임원을 대상으로 정서적 소통역량을 강화하기 위해 효과적인 정서지능 개발 방법을 활용하여 10회기 일대일 코칭이 진행된다'고 구체적으로 명시하는 것이다. 코칭 실무에 대한 구체적인 정의와 기술이 중요한 이유는 실제로 코칭으로 어떤 성과를 기대할 수 있는지, 성공 요인과 실패 요인을 어디서 찾을 수 있는지, 코치로서 어떤 역량을 더 개발할 필요가 있는지 등에 대한 실질적인 분석을 하는 데 중요한 준거가 되기 때문이다.

약 20여 년의 시간이 흐르면서 코칭의 범주에 포함되는 실무와 서비스 형태들은 범위를 정하기 어려울 정도로 다양해지고 그 적용 분야도 크게 확대되었다. 그럼에도 불구하고 코칭의 기본 요소에 대한 통일된 의견은 부족하다. 이를 확인하기 위해서는 코칭에 대한 기존의 다양한 정의를 살펴보는 것이 도움이 될 것이다. 코칭에 대해 정의하는 것을 '맹인과 코끼리'에 비유할 정도로[3] 합의된 정의와 기술을 도출하기가 쉽지 않지만, 코칭에 대한 대표적인 정의들을 소개하면 다음과 같다.

－코칭은 개인의 잠재력을 펼쳐서 수행을 극대화하는 것이다. 코칭은 사람들을 가르치기보다는 이들이 학습하는 것을 도와주는 것이다.[4]

－코칭은 개인의 수행, 학습 그리고 개발을 촉진시키는 예술이다.[5]

－코칭은 변화와 성장을 촉진시키는 기능을 한다.[6]

－코칭은 개인이나 집단을 현재 있는 지점에서 그들이 원하는 지점으로 갈 수 있도록 인도하는 기술이자 행위다.[7]

이와 같이 다양한 코칭의 정의 속에 들어 있는 핵심요소를 호주 시드니 대학 심리학과 교수이면서 코칭심리학의 창시자인 앤서니 그랜트 (Anthony M. Grant)는 다음과 같이 기술하였다.[8]

전문적인 코칭(professional coaching)의 핵심요소는 코치와 피코치 간의 권위주의적인 관계가 아닌 도움을 주는 협력적이면서 평등한 관계다. 문제를 분석하기보다는 해결책을 찾는 데 초점을 두고 피코치가 심각한 정신병리나 정서적인 고통이 없다는 가정 하에 이루어지며, 함께 협력하여 목표를 설정하고 피코치의 학습을 촉진하는 것이다.

대부분의 정의에서 핵심이 되는 내용은 피코치가 자원을 보유하고 있다는 점,[9] 피코치와 코치가 함께 협동하여 목표를 설정하고 브레인스토밍을 하며, 행동 계획을 세우는 과정을 통해 자기주도학습을 이루어 내는 것,[10] 그리고 심각한 정신건강 문제의 부재[11]다. 따라서 코칭은 협력적인 관계를 토대로 개별화되고, 해결 중심적이며, 결과 지향적이고, 체

계적이며 도전적인 과정이라 할 수 있다.[12]

　　앞서 소개한 정의들을 종합하여 이 책에서 코칭에 대한 정의는 다음과 같이 내리고자 한다.

> 코칭은 코치와 피코치 간 협력관계를 기초로 피코치의 자원과 잠재력을 최대한 활용하여 피코치가 원하는 방향으로의 변화와 성장을 이룰 수 있도록 지원하는 전문적 과정이다.

　　이 정의 속의 핵심 단어는 협력 관계, 자원과 잠재력의 활용, 변화와 성장 그리고 전문적 과정이다. 전문적인 과정이라는 표현 이외에는 기존의 코칭에 대한 정의에 항상 포함되는 것이다. 전문적 과정을 중요하게 포함시킨 이유는 코치가 코칭과 관련된 전문성을 갖춰야 한다는 점을 강조하기 위해서다. 더 정확히 말하면, 코치가 피코치의 코칭 이슈나 목표에 관한 전문지식을 갖춰야 한다는 의미라기보다는 코칭을 효과적으로 운영할 수 있는 전문적 코칭 기술과 지식을 갖춰야 한다는 뜻이다. 구체적인 예로, 상담이나 멘토링 혹은 컨설팅에서 기본적으로 활용하는 커뮤니케이션 기법이 아니라 코칭이 기대하는 목표를 달성하는 데 필요한 특화된 차별화된 기법과 이와 관련된 근거 지식을 말한다.

　　물론, 피코치의 관심 영역(예를 들어, 리더십 개발, 경력 개발 등)의 학습을 촉진하는 데 이 분야에 관한 전문지식이나 경험을 갖고 있으면 코치로서의 전문적 신뢰를 얻을 수 있고 이를 바탕으로 관계 형성에 도움을 얻을 수도 있다. 하지만 코치는 피코치가 학습하고자 하는 특정 영역에 대한 높은 수준의 경험을 반드시 필요로 하지는 않는다.[8] 따라서 정의 속의 전문적 과정이란 피코치가 스스로 성찰하고 기대하는 목표를 달성하도록 학습을 촉진하는 데 이와 관련된 전문 지식과 기술을 얼마나 적절히 활용할 수 있는지를 의미한다.

　이 정의는 이 책에서 앞으로 소개할 코칭의 진화과정, 특히 코칭심리학에 대한 논의와도 직접적으로 관련이 있다. 코칭심리학이 무엇이고, 코칭심리학자들이 코칭을 한다면 심리학자가 아닌 일반 코치와 어떻게 다를 수 있는지에 대한 논의에서 더 자세하게 다루어질 것이다. 또한 코칭심리학과 코칭심리학자들의 역할에 대한 명확한 정의가 내려지면, 코치가 갖춰야 할 전문성에 관한 내용들이 더욱 구체화될 것이다. 나아가 전문성과 차별성에 대한 구체적인 내용을 포함한 코칭에 대한 정의가 가능해질 것이다.

4. 코칭의 현주소

　코칭 산업은 시대의 변화와 맞물려 개인뿐만 아니라 조직의 코칭에 대한 수요가 증가함으로써 급속히 성장하게 되었다. 매년 코칭 시장이 확대되고 코칭 산업에 대한 관련 전문가들의 관심이 급증되고 있다. 이와 함께 코칭의 대상과 적용 범위도 크게 확대되어 가고 있으며, 코칭의 접근 방법도 다양해지고 있다. 반면, 개인 혹은 조직의 성장을 촉진하고 지원하는 코칭이 대중적인 인기를 얻고 있는 시점에서 이를 뒷받침해 줄 수 있는 전문 조직이나 기구들이 부족하며, 코칭에 대한 정확한 이해와 이를 뒷받침하는 이론과 근거들도 매우 제한적이다. 따라서 코칭 산업의 빠른 성장이 가져다준 득과 해결해야 할 이슈들이 동시에 존재한다. 이러한 현상은 2010년대 이후 두드러진 코칭의 현주소를 그대로 보여 주는 것으로서 코칭이 전문 분야로서 지속적인 성장을 하기 위해 갖춰야 할 필수 요건이 무엇이고 도전과제가 무엇인지에 대해 말해 주고 있다.

구체적인 해결 이슈들은 코칭의 발달 과정상의 특성과 밀접한 관련이 있으므로 먼저 코칭과 코칭 산업이 발달해 온 과정상의 특징들을 이해하는 것이 필요하다.

1) 코칭 산업의 현황

코칭의 발달과정상 핵심적인 특징은 첫째, 코칭이 실무중심으로 발전해 온 조력 분야라는 점이다. 즉, 코칭은 이미 확립된 이론의 토대 위에 구축된 것이라기보다는 실무에서 경험적으로 효과를 확인한 방법과 기술들이 계승되어 활용되고 있는 전문 분야다. 이로 인해 코칭 실무 장면에서는 코칭의 일관된 틀이나 접근 방식에 기초하지 않고 독자적으로 검증된 방법과 기법들이 사용되는 경우가 있다. 뿐만 아니라 코칭에 대한 합의된 정의와 프로세스도 부족하다. 따라서 현재 코칭 실무에서 활용되고 있는 많은 방법론이 탄탄한 이론적 근거를 갖추는 것이 우선적으로 필요하다. 더 나아가 엄청난 양의 코칭 실무경험과 자료가 공통의 이론적 토대가 부족하여 체계적인 연구로 이어지지 못하는 안타까운 상황이 벌어지기도 한다. 예를 들면, 실제로 기대하는 효과를 얻은 성공적인 코칭 접근이나 방법을 지속적으로 축적해 나가거나 이를 경험적으로 검증하기가 어렵다. 이러한 제한점들은 코칭이 전문 분야로서 지속적으로 발전해 나가는 데 가장 큰 걸림돌이 되고 있다.

두 번째 특징은 코칭 산업이 단기간에 급속도로 확장되고 성장하였다는 점이다. 코칭 시장은 약 10여 년 동안 기대 이상으로 활성화되고 전문코치가 되고자 하는 사람들이 급증하였다. 하지만, 아직 일관된 기준과 틀에 따라 교육하고 전문성을 검증하기 위한 제도가 부족한 면이 있다. 특히, 이러한 철저한 검증 제도가 완비되기 전인 초기에 상업적으로 코치 인증교육 과정을 주된 비즈니스로 삼고 있는 코칭 회사나 기관을 통해 배출된 많은 코치도 활발하게 활동을 하고 있다. 이에 따라 전문역량을 갖춘 코치들의 선전에도 불구하고 일부에서는 코칭의 신뢰성과 전문성에 대해 의문을 제기하기도 한다.

세 번째 특징은 전문 코칭이 다양한 학문 분야와 연계되어 진행되고 있다는 점이다. 즉, 하나의 단일 코칭 전문 집단이 없다는 것이다. 실제로 관련된 조사 연구에 따르면,[13] 전문코치들이 다양한 이전 경력을 갖고 있다는 것이 확인된다. 구체적으로 컨설턴트, 매니저, 기업 임원, 교사, 영업직원 등의 순으로 다양하였고 이들 중 단지 4.8%만이 심리학 배경을 갖고 있었다. 이런 다양성은 장단점을 동시에 지니고 있다. 이전의 전문 경력이 다양하다는 것은 코칭에 다양한 방법론과 접근들을 가져 온다는 의미고, 광범위한 교육 관련 학문이 코칭 실무에 사용된다는 것을 의미한다. 반면, 이처럼 코칭 서비스를 제공하는 사람들의 다양성과 급속한 확산현상으로 인해 전문적인 코칭이 정확히 무엇인지 그리고 코치의 전문성이 무엇인지에 대한 명확한 준거가 부족해질 수도 있다.[14] 또한 윤리적이고 전문적인 실무에 필수 요건이 무엇인지에 대한 공통의 안을 도출하는 데도 어려움이 있을 것이다.

2) 코칭의 당면 과제

코칭의 발달 과정상에서 나타난 주요 특징과 관련지어 볼 때, 코칭 산업이 안고 있는 이슈이자 과제는 첫째로 코칭 실무를 뒷받침하는 이론적 근거와 틀을 마련하는 것, 둘째는 코칭의 효과는 무엇이며, 어떤 요인과 작동 원리로 효과가 창출되는지를 객관적으로 밝히는 연구를 수행하는 것, 마지막으로 코칭의 전문성 제고를 위해 코칭 이론과 접근들을 개발하고 체계적으로 코치를 양성함으로써 코치의 전문성을 높이는 것이다.

첫째, 실무중심으로 발전되어 온 코칭은 오랜 실무 경험을 타당화할 수 있는 학문적인 작업을 절실히 필요로 하고 있다. 다시 말해서 오랫동안 코칭 현장에서 시행되어 그 효과를 확인한 접근과 기법들을 체계적으로 구조화하여 축적할 수 있는 이론적 틀이 필요하다. 코칭의 학문적 토대 마련은 코칭의 효과성 제고는 물론 체계적인 전문 코치 교육과 훈련으로 이어져 결과적으로 코칭의 전문성 개발에 핵심이 된다. 코칭은 인간의 잠재능력을 최대한 발휘하게끔 돕고 개개인의 가치에 부합하는 방향으로 변화를 돕는 과정이다. 따라서 여러 가지 관련 학문과 이론들 중에 단연 심리학이 큰 기여를 하게 될 것이다. 이에 심리학은 코칭의 이론적 토대를 구축하고 코칭을 하나의 학문으로 발전시키는 데 중요한 역할을 할 것이라는 데 이의가 없을 것이다.

둘째, 코칭에 관한 공유된 틀이 부족하기 때문에 수많은 코칭 사례의 효과를 체계적으로 분석하는 데 제한점이 많다. 예를 들어, 코칭의 성과를 평가할 때 개별 사례에 초점을 두고 사례에 한정된 특정 목표의 달성도를 확인하거나 코칭과정 및 코치의 전문성에 대한 만족도 평가가 대부분이다. 물론 코칭에서 피코치가 설정한 목표 달성의 여부는 가장 강력한 코칭의 효과 지표다. 하지만, 수많은 성공 사례를 종합적으로 분석하여 코칭의 성공 요소를 도출해 내기 위해서는 공통적인 코칭 요소에 대한 합의가 이루어지고 이에 대한 평가 자료가 축적되어야 할 것이다. 코칭에 관한 연구가 코칭 실무에 비해 지체된 이유는 바로 코칭에 관한 이론 부재와 함께 이러한 합의된 평가 틀이 부족하기 때문이라 할 수 있다.

마지막으로, 코칭이 조력 전문 분야로서 지속적인 발전을 꾀하기 위해서는 코칭 교육과 전문코치 훈련의 질적 제고가 매우 중요하다. 이미 오래전에 존 휘트모어(John Whitmore)는 코치들의 역량 개발과 관련하여 다음과 같이 언급하였다.

> 너무나 많은 사례에서 코치들이 코칭의 토대가 되는 수행관련 심리학 원리(performance-related psychological principles)들을 충분히 이해하지 못하고 있다. 심리학 원리들에 대한 이해 없이 코칭을 작동시키고 질문과 같은 코칭 행동을 수행할 수 있을지 모르나 의도한 결과를 얻을 수는 없을 것이다.[4]

코칭은 인간의 변화에 초점을 두고 있으며, 피코치는 코칭 이슈로 대표되는 것이 아니다. 코칭 이슈는 단지 독특한 개인의 특성과 가치를 지닌 한 개인의 의미 있는 변화의 출발점일 뿐이다. 따라서 코칭 이슈를 잘 다루어 진정으로 원하는 목표를 달성하고 의미 있는 변화를 이루어 내기 위해서는 인간에 대한 기본적인 이해와 깊이 있는 통찰이 필요하다. 코칭은 인간의 변화와 성장을 다루며, 이를 이루기 위해 코칭에는 다양한 방법이 활용되고 있다. 방법이나 기법들을 단순한 워크숍이나 훈련을 통해 익히는 것은 때로는 자동차의 기본 원리를 이해하지 못한 채 운전 기술만 익혀서 운전을 하는 것과 마찬가지일 것이다.

THE PSYCHOLOGY OF COACHING

02
코칭과 심리학의 만남

이 장에서는 코칭의 당면 과제인 코칭의 전문성 확보와 학문적 토대 구축을 위한 본격적인 코칭의 진화과정을 소개하고자 한다. 실무중심으로 발전해 온 코칭의 특성상 코칭의 학문적 근거 마련은 코칭의 진화단계에서 가장 핵심적인 과제이자 출발점이다. 심리학과 코칭의 만남은 코칭에 이론적 근거를 마련해 주고 탄탄한 이론을 토대로 코칭의 진화과정을 이끌어 줄 수 있을 것이다. 심리학과 코칭의 만남은 코칭이 왜 변화와 성장에 효과적인가? 사람들은 코칭에서 어떤 변화를 경험하고 어떻게 자신이 원하는 변화를 얻는가? 변화의 원리는 무엇인가? 경청, 질문과 같은 코칭 스킬이 이러한 변화과정에서 어떤 기능을 하는가? 등의 질문에 대한 답을 심리학에서 찾아보는 것부터 시작한다. 그런 다음 관련된 심리학 지식을 활용하여 보다 효과적인 코칭 방법들을 개발하는 것을 목표로 한다.

1. 코칭 전문성

코칭이 무엇인가? 그리고 코칭을 어떻게 하는 것인가? 라는 질문에 대한 답은 이미 많이 밝혀져 있다. 이제 필요한 질문은 '코칭이 어떻게 작동되는가?'다. '코칭을 어떻게 하는가'가 코치 중심의 질문이자 지식이라고 한다면, '코칭이 어떻게 작동되는가'라는 질문은 초점을 피코치로 바꾼 것이라 할 수 있다. 지금까지 코치들이 능숙하게 사용해 왔던 코칭 스킬들이 변화의 주체자인 피코치로 하여금 어떤 경험을 하게 하고 어떻게 변화와 성장을 하게끔 하는지를 이해하는 것이다. 이는 바로, 코칭 접근과 기법들에 기저하는 원리를 탐구하는 것이다.

실무중심으로 발전해 온 코칭의 특성상 코칭의 원리에 대한 탐구 작업이 시작된 지는 그리 오래 되지 않았다. 이에 비해, 대표적인 조력 전문분야인 상담이나 심리치료의 경우는 기존의 상담심리학 이론과 경험적 연구 결과들이 토대가 되어 관련된 접근과 기법이 체계적으로 개발되어 왔다. 그리고 이런 실무 방법론들이 실제 현장에서 활용되고 또 그 효과성과 원리에 대한 과학적 검증이 이루어졌다. 이에 따라 새로운 근거가 탄생한다. 검증된 근거는 실무자들의 확신을 얻어 실무에 적용되고 실무자들은 근거가 예측하는 효과를 기대할 수 있을 것이다. 뿐만 아니라 산출된 성공 사례들은 다시 새로운 이론이나 모델 개발로 이어질 것이다. 새롭게 개발되어 검증된 이론은 또다시 실무 장면에 필요한 기법들로 활용이 될 것이다. 이론과 실무 간의 선순환적 발달과정은 상담심리학 혹은 임상심리학과 같이 실무 비중이 큰 학문 분야에서는 가장 이상적으로 지향하는 바다. 대표적으로 과학자-실무자 모델*은 이미 수십 년 전부터 임상심리학 전문가 훈련 과정에서 중요한 기준으로 사용되어 왔다.

코칭도 코칭 고유의 이론적 모델을 개발하고 이를 토대로 실무가 이루어질 수 있을 때 과학적 토대를 둔 하나의 학문 분야로 성장할 수 있을 것이다. 이를 위해서는 우선적으로 코치 개개인의 전문적 경험과 역량에만 의존하는 것이 아니라 객관적으로 검증된 코칭의 근거들을 확인하고 이와 관련된 연구들이 이루어져서 이들에 기반한 코칭 교육과 코칭 실무가 이루어지도록 하는 것이 시급하다. 마찬가지로 전문 코치들의 많은 코칭 경험과 성공적인 사례가 코치 개개인의 코칭 역량으로만 전수되지 않고 체계적인 이론의 토대 위에 지속적으로 축적되는 것도 필요하다. 이와 관련하여 카우프만(Kauffman)과 스쿨러(Scoular)[1]는 코칭의 진화과정을 다음과 같이 언급하였다. "코치 개개인의 역량과 열정으로 코칭 기법을 개발하고 코칭을 진행해 온 세대를 넘어서 고객의 다양한 기대와 요구에 맞추기 위한 변화가 필요한 시점에 이르렀다." 이제는 코치 개개인의 폐쇄적인 시스템에서 벗어나 심리학의 원리에 근거를 두고 코칭에 관한 다각적인 검증과 연구가 이루어져야 한다는 것이다. 따라서 코칭의 전문성 확보의 핵심은 바로 근거기반 코칭이라 할 수 있다.

그렇다면 무엇을 코칭 전문성으로 볼 것인가? 첫째, 코칭 실무 스킬의 습득과 적용을 넘어서서 이들의 작동원리와 기능을 이해하고 이와 관련

---

* 1949년 University of Colorado at Boulder에서 개최된 '임상심리학 대학원 교육에 관한 회의'에서 시작된 것으로, 임상심리학자의 전문성 훈련에 있어서 이론과 연구 그리고 실무가 통합되어 교육이 이루어져야 함을 강조한 모델이다. 이후 상담 및 심리치료 분야에서도 전문가 훈련 모델로 널리 적용되고 있다.

된 기존의 검증된 이론과 지식들을 활용할 수 있는 능력이다. 원리를 이해하면 유사한 효과를 얻을 수 있는 대안 혹은 새로운 도구들의 개발이 용이해진다. 또한 원리에 대한 이해는 피코치의 특성이나 상황적 제약을 극복하면서 기대하는 코칭 성과를 얻는 데도 도움이 된다.

둘째, 코칭 전문성이란 코칭 실무에 대한 통제력을 갖추고 있다는 것이다. 다시 말해서, 코칭 결과를 예측하고 결과에 대해 원인분석을 할 수 있다는 뜻이다. 전문적인 코치는 경험적 근거와 틀을 토대로 코칭 수행 계획을 수립하고 이 계획대로 코칭이 수행되었을 때 예상되는 결과를 어느 정도 예측할 수 있음으로써 코칭 실무에 대한 통제력을 갖출 수 있어야 한다. 때로는 성공 사례를 도출했음에도 불구하고 그 원인을 명확하게 찾기가 어렵고 이에 따라 유사한 성공 사례를 다시 기대하기가 쉽지 않다. 실패 사례의 경우도 마찬가지다. 근거를 토대로 잘 계획된 코칭이 기대하는 성과를 얻으면, 성공 사례는 중요한 관련 요소를 중심으로 체계적으로 축적이 될 수 있으며, 이는 새로운 이론을 구축하는 데 중요한 자원이 될 수 있을 것이다.

셋째, 코칭 전문성에서 빼놓을 수 없는 요소가 바로 코칭의 진행과정을 객관적으로 조망하고 분석해 볼 수 있는 코칭에 대한 메타인지 능력이다. 계획된 코칭 과정을 완벽하게 수행하느냐 못하느냐보다 더 중요한 것은 현재 진행되는 코칭 장면에서 어떤 상황이 벌어지고 있는지를 피코치와 코치가 아닌 제3자의 관점으로 볼 수 있는 능력이다. 더 나아가 방금 건넨 고치의 질문이 피코치의 관점을 어떻게 전환하게 만들었는지 등에 대한 논리적인 이해 및 분석 능력이 바로 코칭에 대한 메타인지(meta cognition) 능력**이다. 이는 과학적 접근에 토대를 둔 학습과 논리적 분석

과정을 요구한다.

마지막으로 코칭 전문성이란 피코치의 개인적 성향과 요구에 대한 이해를 토대로 최적의 맞춤형 코칭 능력을 말한다. 구체적으로 이는 피코치의 주요 코칭 이슈와 특성 그리고 맥락에 맞는 접근 방식을 명확한 근거를 토대로 선택할 수 있다는 것을 의미한다. 코칭 장면에서 코치가 유연성을 발휘하기 위해서는 다양한 접근에 대한 관련 지식을 갖고 있는 것은 물론, 각각의 접근이 어떤 이슈에, 혹은 어떤 피코치에게 보다 더 적합한지 그리고 왜 더 효과가 있을지에 대한 지식이 필요하다.

다양한 종류의 코칭 프로그램과 교육 프로그램을 보면 주로 코칭에 필요한 기법이나 도구들에 초점을 둔 것이 많다. 달리 표현하면, 코칭 서비스를 제공하는 공급자에게 초점이 맞춰진 교육들이 많은 비중을 차지한다. 코칭의 성과는 피코치가 코칭 과정에서 어떤 가치 있는 경험을 하는지의 여부에 달려 있다. 그러므로 코칭의 대상인 피코치에게 초점을 맞추고 이들의 성향과 특성에 적합한 접근방법을 취한다면 기대하는 성과를 얻을 가능성이 높아질 것이다. 예를 들어, 동일한 코칭 기법에도 피코치들은 서로 다르게 반응하고 만족도에 있어 차이를 보일 수 있다. 코칭은 틀에 짜인 프로그램을 피코치에게 제공하는 것이 아니라 피코치 맞춤형으로 새롭게 디자인된 과정을 토대로 전문적인 지원을 하는 것이기 때문이다.

** 메타인지: 메타인지는 말 그대로 생각에 대한 생각을 말한다. 심리학자 존 프라벨(John Flavell)이 처음 만든 용어로 그는 인지에 대한 지식과 인지에 대한 통제라고 정의하였다. 사람들이 학습이나 과제를 수행할 때 나타나는 인지 과정을 적극적으로 통제하는 높은 수준의 사고를 말한다. 예를 들어, 주어진 과제를 어떻게 해결할지에 대해 계획을 세우고 자신이 과제를 해결하는 과정을 스스로 모니터하고 평가하는 것이다.

코칭 전문성의 부재는 마치 자동차의 작동원리를 모른 채 운전을 하는 것과 유사하다. 운전기술은 뛰어나지만, 한 번씩 예기치 못한 상황이 벌어지면 이에 대처하지 못하는 운전자들이 있다. 뿐만 아니라 그 상황에서 누군가 적절한 해결책을 주면 그 방법은 특정 상황에 대한 대응 방법으로만 머릿속에 입력될 가능성이 높다. 즉, 다양한 상황에서 필요시 적절하게 꺼내 쓸 수 있는 혹은 응용이 가능한 개념 지식이 아니라 일화기억으로 남게 된다. 다음에 이와 비슷한 상황이라 할지라도 그 방법을 떠올리거나 약간 변형하여 적용할 수 있는 능력을 발휘하기가 어렵다. 자동차의 구조는 매우 복잡하게 유기적으로 연결되어 있다. 예로서 시동이 걸리지 않는 이유도 한두 가지가 아니며, 한 부분이 기능을 하지 못하면 다른 연결 기능까지 마비시킬 수도 있다. 기본 구조에 대한 이해를 토대로 작동 원리를 파악한 뒤 운전 기술을 익힌 사람들은 그렇지 않은 사람들에 비해 예상치 못한 문제 상황에 대한 대응능력이 뛰어날 수밖에 없다. 뿐만 아니라, 이들은 문제 상황과 관련된 새로운 경험을 단지 해프닝으로 지나치는 것이 아니라 새로운 학습을 하고 문제 해결력을 증대시키는 데 활용할 수 있다. 숙련된 코칭 스킬은 코칭의 필요 조건이지만, 충분조건은 아니다. 그러므로 코칭 스킬과 프로세스에 대한 작동 원리의 이해는 코치의 코칭 역량을 지속적으로 강화해 주는 것뿐만 아니라 코칭의 효과성도 더 높여 줄 것이다.

코칭 전문성이 단지 실무 수준을 넘어서 이론적 토대와 논리적 분석 능력을 갖춘 전문가를 의미하는 것은 아니다. 이미 검증된 이론이나 개념에 기반한 실무(evidence based practice)도 중요하지만, 때로는 성공적인 실무 결과에서 도출된 경험적 근거(practice based evidence)도 마찬가지로 코칭 전문성을 제고하는 데 기여할 것이다. 즉, 과학적인 연구 오리엔테이션과 전문적인 실무 능력이 서로 활발하게 교류되고 연결된다면, 코칭 전문분야의 발달에 있어서 이들의 시너지 효과가 더욱 커질 것이다.

2. 근거기반 코칭

근거기반 코칭은 경험적이고 이론적인 지식을 토대로 이루어지는 전문적 코칭을 말한다. 이는 관련 연구, 평가 및 최근의 체계적인 연구 결과에 기초하여 검증된 과학적 근거를 토대로 전문적인 실무가 실행되는 것이다. 또한 단순히 특정 접근의 효과성을 검증하고 코칭의 ROI(투자대비 수익률)를 제시하는 것 이상의 의미다. 즉, 코칭 접근 방식을 결정하고 코칭 계획을 수립하며, 전문 코치의 훈련 프로그램을 개발하는 데 현존하는 지식들을 활용하는 것이다.[2] 근거기반 코칭은 코칭과 관련성이 높고 경험적 연구를 통해 혹은 이론과 실무로부터 나온 최신 근거들을 코칭 실무에 적절하게 반영 혹은 활용함으로써 최적의 코칭 결과를 얻는 것을 목표로 한다. 근거기반 코칭은 현재 코칭이 당면한 과제이자 나아가야 할 방향이다. 코칭이 사람들의 잠재력 실현을 도와 변화를 이끌어 내는 것처럼, 코칭도 현재 코칭의 잠재력을 확인하고 이를 토대로 한 성장이 필요한 시점이라 할 수 있다.

구체적으로 근거기반 코칭의 특징과 효과는 다음과 같다. 첫째, 근거기반 코칭은 기본적으로 코칭의 효과성을 높이기 위해 기존의 관련된 과학적 근거들을 활용할 수 있게 해 준다. 코치 개개인의 경험이나 신념에 근거한 선택이 아닌 객관적인 기준에 따른 선택을 할 수 있도록 돕는다는 의미다. 예를 들어, 코칭 목표가 명확하고 변화의 필요성 인식이 강한데도 불구하고 본격적인 실행 동기가 부족하여 변화가 지지부진한 피코치가 있다. 오랜 코칭 경력을 갖춘 코치라면 자신의 과거 코칭 경험을 토대로 적절한 방법을 찾을 수 있을 것이다. 하지만, 이러한 선택과 결정 과정에 사용된 기준이 얼마나 객관적 근거를 갖고 있는지를 고려해 볼 필요가 있다. 코치 개인의 경험들이 이론이나 틀로 체계적으로 축적되어 정리가 된다면 자신의 선택과 결정에 대한 신뢰도는 당연히 증가될 것이다. 또한 실제 관련된 사례를 경험하지 못했더라도 검증된 이론에 근거하여 새로운 방법들을 고안해 내는 것도 가능할 것이다.

둘째, 근거기반 코칭은 눈에 보이지 않는 코칭 과정을 이해하고 인과관계를 탐색할 수 있게 해 준다. 즉, 코치의 메타인지 능력을 발휘하는데 도움을 준다. 코치의 메타인지 능력이란 자신이 진행하는 코칭 과정을 객관적으로 분석하고 이해하는 능력을 말한다. 단순히 기대하는 목표를 달성하기 위해 잘 알려지고 몸에 익숙한 코칭 스킬을 활용하는 것이 아니라, '왜 그렇게 해야 하는가?' '좀 더 효과를 얻기 위해 어떤 방법이 있는가?'에 대한 코치의 탐구 작업이 요구된다. 질문이 행동 변화에 어떤 작용을 하였고 어떤 메커니즘으로 목표 달성에 도움이 되는 생각들을 확장시켰는지, 행동 변화의 동기가 어디서 어떻게 생겨났는지에 대해 논리적 연결고리를 찾는 작업이 이루어진다. 따라서 메타인지는 눈에 보이지는 않으나 중요하게 진행되고 있는 코칭의 내부 과정에 대한 탐색이며, 코칭 결과에 영향을 주는 핵심 요인에 관한 인과관계를 논리적으로 분석하는 작업이다. 예를 들어, 코치는 피코치의 변화를 돕는 코칭 대화를 하면서 동시에, 피코치의 욕구와 성향에 코치의 성향과 접근이 잘 어울리는지, 코칭 프로세스인 GROW*** 활용을 위한 조건들이 충족되고 있는지, 질문이 적절한 시점에 제공되었는지 등에 대한 질문을 떠올리며 답을 찾는 작업이다. 이런 질문에 대한 답을 하기 위해서는 코치와 피코치 간 적합한 매칭을 위해 필요한 것이 무엇인지, 질문이 필요하고 적합한 상황이 언제인지, 그리고 프로세스 대화가 왜 필요한지에 대한 근거와 지식을 갖고 있어야 할 것이다. 따라서 근거를 갖고 코칭을 한다는 것은 일정 수준의 효과를 기대할 수 있고 최소한의 성과를 보장한다는 의미이기도 하다. 더 나아가 기대 효과를 얻지 못했을 때, 보다 체계적으로 관련된 원인을 찾을 수 있고 각 상황에 적합한 방안을 적용할 수 있는 능력을 확보하는 것이다.

1) 코칭의 근거

근거기반의 코칭을 하기 위해서 필요한 것이 무엇인가? 무엇을 코칭 관련 근거로 볼 것이며, 어떤 근거를 확보하고 이를 어떻게 활용할 것인가에 대한 궁금증이 생길 것이다.

첫째, 근거기반 코칭에서 말하는 근거란 과학적으로 검증된 이론과 지식을 말한다. 개인적인 경험으로 확인한 지식과 사례 경험은 배제된다. 대표적으로 행동과학, 철학 그 외 특정 코칭 영역과 관련된 이론적 지식

*** GROW: 휘트모어(Whitmore)에 의해 소개된 것으로 코칭 대화를 효과적으로 진행하기 위한 프로세스로서 Goal(목표 설정), Reality(현실 인식), Option(대안 탐색), Will(실천의지)을 말한다.

들(예: 비즈니스 코칭의 경우, 경영학)이 있다. 우리가 이렇게 검증된 지식을 활용하는 이유와 장점은 단순한 정보 활용의 혜택을 넘어서 관련 자료의 축적과 성공과 실패의 원인을 보다 명확하게 예측하고 관리할 수 있기 때문이다.

둘째, 근거는 반드시 이론적 모델이나 개념이 아닐 수도 있다. 피코치 개인을 이해하고 목표와 방향을 설정하는 데 준거가 될 수 있는 객관적 자료도 코칭의 효과성을 높일 수 있는 근거가 될 수 있다. 예를 들어, 리더십 개발을 위한 코칭에서 피코치의 리더십 다면 진단 결과가 코칭 목표수립의 근거가 될 수 있을 것이다. 또한 피코치와 코치간의 관계 적합도를 예측하거나 피코치의 성향에 적합한 코칭 접근과 기법을 결정하는 데 피코치의 성격 진단 결과나 피드백 자료들이 사용될 수 있다.

셋째, 코칭 이슈와 맥락에 따라 관련된 근거가 달라질 수도 있다. 기업 코칭의 경우에는 기본적으로 조직, 리더십과 전략에 대한 이해를 위해서 경영학이나 조직심리학 그리고 사회적 관계 및 그룹 역학에 대한 사회심리학 지식이 도움이 된다. 건강 코칭의 경우에는 건강 시스템과 관련된 검증된 지식과 연구 결과들, 그리고 건강행동 습관에 대한 이해와 행동 습관의 변화에 필요한 학습심리학 지식들이 근거로 활용될 수 있을 것이다. 아울러 라이프 코치라면, 발달심리학 관점에서 주요 발달 단계상의 심리적 특성과 과제들을 이해함으로써 피코치의 코칭 이슈를 보다 깊이 있게 다루어 코칭의 효과를 배가시키는 데 도움을 얻을 수 있을 것이다.

근거기반 코칭의 차별화된 특징과 효과를 구체적으로 설명하면 다음과 같다.

첫째, 우선 코치는 자신이 사용하는 코칭 스킬과 프로세스에 대한 타당성과 적합성을 합리적으로 설명할 수 있다. 예를 들어, 피코치의 말을 경청하는 것이 왜 중요하고 요약하기와 반영하기가 어떤 기능을 하는지를 설명할 수 있다. 왜 GROW 단계에 따라 대화를 이끄는 것이 좋은지, 그리고 어떨 때 그 효과를 기대할 수 있는지를 알고 있다.

둘째, 코칭 이슈와 피코치 개개인의 특성 및 성향에 관한 관련 지식을 토대로 코칭을 진행하면, 코치는 피코치가 좀 더 다양한 관점으로 자신과 이슈를 바라볼 수 있도록 도울 수 있다. 또한 피코치에게 가장 적합한 목표 달성의 방법을 찾을 수 있도록 도울 수 있다. 예로서 리더십 역량 개발을 위한 코칭의 목표가 구성원들을 효과적으로 동기 부여하는 사람 관리 역량 개발이라고 하자. 이때 기본적인 코칭은 다양한 동기 부여 방법을 찾아보고 실행에 옮기고 코치가 피드백을 제공하는 것이다.

인센티브 제도를 새롭게 추가한다거나 더 많은 칭찬과 관심에 초점을 두는 것을 넘어서서 코치는 피코치가 리더로서 중요하게 여기는 가치기준과 행동성향을 이해하고 이를 토대로 다양한 동기유발 요소를 찾을 수 있도록 도울 수 있다. 또한, 자발적인 동기 유발로 이끄는 것으로 검증된 핵심 요인들(예: 자율적 선택, 유능감 등)을 이해하고 이를 촉진하기 위해 피코치가 무엇을 할 수 있는지에 대해 함께 탐색하고 피코치의 성향을 고려하여 다양한 대안 중에서 적절한 선택이 이루어지도록 도울 수 있다.

2) 왜 심리학인가

다양한 코칭 분야에서 코칭의 근거를 제공해 주는 학문 분야들 중 단연 최고의 지식 보고는 심리학이다. 그 이유는 인간에 대한 과학적인 이해가 코칭과 관련된 다양한 전문지식을 어떻게 활용하고 어떤 상황에 적용해야 하는지에 대해 기본적인 틀을 제공해 줄 수 있기 때문이다. 리더십 개발 코칭에 필요하고 관련성이 많은 경영학 지식이라도 피코치 개인적 성향과 변화에 대한 준비도를 확인하지 않은 채 적용하는 것은 코칭의 성과를 제한할 수 있을 것이다.

코칭은 인간의 변화와 성장에 초점을 두고 있으며 피코치는 코칭 이슈로 대표되는 것이 아니다. 코칭 이슈는 단지 독특한 개인의 특성과 가치를 지닌 한 개인의 의미 있는 변화의 출발점일 뿐이다. 따라서 코칭 이슈가 진정으로 원하는 목표달성과 의미 있는 변화로 이어지기 위해서는 피코치를 하나의 유기체적인 관점으로 바라보는 것이 필요하다. 피코치의 코칭 이슈, 성향, 감정, 사고 및 행동은 서로 독립적이지 않다. 따라서 코칭 이슈를 다룰 때도 사실적인 정보나 진단 결과에만 비추어 탐색하고 이에 대한 해결책을 도출하는 것은 사람을 보지 못하고 이슈에만 몰두하는 결과를 초래한다. 변화 방향에 대한 막연하고 설익은 표현에 불과한 이슈 그 자체를 넘어서는 것이 필요하다. 이슈를 바라보는 관점과 욕구 및 기대 사항을 확인하고 자신만의 독특한 가치를 포함하는 목표를 세우고 이를 해결해 나가는 것을 돕는 것은 이슈 해결을 넘어선 통찰과 부가적인 변화를 이끌어 낼 수 있다. 인간에 대한 기본적인 이해와 깊이 있는 통찰이 필요하며, 이 과정에서 유용하게 활용할 수 있는 것이 바로 심리학이다.

코칭은 변화와 성장을 지향한다. 심리학에는 인간의 행동뿐만 아니라 행동과 함께 유기적으로 작동되는 인지, 정서의 기능과 이들 간의 관계에 대한 지식이 많이 있다. 예를 들어, 리더십 개발 코칭 과정에 참여한 피코치에게 기대하는 목표를 설정하기에 앞서 왜 지난 성공 경험에 대해 질문을 하는지, 너무나 명확한 목표와 실행계획까지 세웠으나 움직이지 않는 이유가 무엇인지, 때로는 코치가 건네준 근사하고 전문적인 해결책에 감탄은 하지만 왜 실행에 옮기려고 하지는 않는지…… 등등의 많은 의문점을 풀 수 있는 실마리들이 심리학에 있다.

3) 그 외 활용 가능한 학문 분야

비즈니스 코칭에서는 코칭 대상자의 역할과 주요 업무에 대한 이해뿐만 아니라 코칭 대상자가 처한 조직이라는 맥락을 이해하기 위해서 심리학 이외에도 대표적으로 경영학 이론과 지식이 요구된다. 뿐만 아니라 조직에서 이루어지는 코칭의 주제는 기본적인 의사소통이나 대인관계 기술을 함양하기 위한 것 이외에도 개인의 리더십 개발과 관리자로서의 역량 개발이 주를 이룬다. 따라서 리더십 관련 이론과 관리의 기본적인 속성과 관련된 최근 이론들은 코칭을 좀 더 전문적이고 차별화된 방식으로 진행할 수 있게 해 줄 것이다.

비즈니스 코칭 다음으로 비중을 차지하고 있는 영역이 바로 라이프 코칭이다. 현재 우리나라에서는 비즈니스 장면에서의 코칭이 상대적으로 더 먼저 소개가 되고 기간에 비해 성장 속도가 빠른 편이다. 하지만, 외국에서는 라이프 코칭의 역사와 저변 확대가 두드러진다. 우리나라의 경우, 코칭펌에서 이루어지는 코칭 프로젝트 혹은 소속 전문 코치들이 수행하는 코칭은 비즈니스 코칭에 상대적으로 더 집중이 되어 있지만 개인적으로 활동하는 전문 코치들은 자신을 라이프 코치라고 명명하면서 다양한 코칭영역을 다루는 경향이 있다.

라이프 코칭의 경우, 외국에 비해 전문적인 프로그램의 개발이나 전문 교육 훈련 프로그램들이 상대적으로 부족하다. 라이프 코칭이야말로 코칭과 연관된 다양한 학문 분야에서 근거를 가지고 와서 코칭의 질적인 제고를 보장할 수 있는 분야일 것이다. 구체적으로 평생 교육분야, 전 생애 발달 단계에 따른 주요 심리적 특성들을 다룬 발달심리학 이론과 지식 그리고 개인의 삶을 풍요롭게 만들어 가는 데 필요한 행복과 지혜를 연구하는 긍정심리학 분야의 탄탄한 연구 결과와 이론들을 활용할 수 있는 더할 나위 없이 좋은 코칭 분야다. 그 외에도 최근 관심을 받고 있는 영성 및 초월 상담과 심리학 지식도 라이프 코칭을 보다 심도 있게 진행하는 데 도움이 될 것이다.

또한 건강 코칭의 경우에도 최근 건강심리학 지식과 다양한 행동 습관의 수정에 기저한 심리적 메커니즘들을 활용하는 것이 가능하다. 단순히, 기대하는 다이어트 목표치를 세울 수 있도록 돕고 이를 이루기 위한 SMART[Specific(구체적), Measurable(측정 가능한), Achievable(성취 가능한), Realistic(현실적인), Time-Bound(시간제한이 있는)]한 계획을 세우고 끈기 있게 실행에 옮길 수 있도록 격려와 피드백을 주는 것으로는 부족하다. 개개인의 성향에 대한 객관적인 평가를 하고 이를 토대로 적합한 접근 방식을 선택할 수 있도록 돕고 개개인마다 독특한 자기 동기화 방법들을 고안해 낼 수 있도록 전문적인 지원이 필요하다. 이를 위해서 심리평가를 활용한 개별 성향 및 니즈에 대한 이해 그리고 행동 변화 속에 숨겨진 복잡한 메커니즘에 대한 이해가 필요하다.

4) 코칭에서 전문지식의 역할

코칭이 다른 조력 전문 분야와 다른 점 중에 하나는 관계의 위계적 특성과 전문지식의 활용 방법이다. 즉, 컨설턴트나 심리치료자들은 고객의 이슈나 해결 과제에 대해 고객보다 더 많은 전문지식을 갖추고 있고 이를 활용하여 때로는 진단과 솔루션을 제공해 주는 역할을 하기도 한다. 반면, 코칭에서는 코치가 피코치의 이슈를 이해하고 원하는 목표 달성에 도움이 되는 전문지식을 갖고 있지만, 이를 직접적인 조언이나 솔루션 제시로 전달하지는 않는다. 코칭 진행을 촉진하는 것(process facilitation)과 내용 혹은 정보를 전달하는 것(content or information delivery)은 구분되어야 하며 이들 간의 적절한 균형이 필요하다.[2] 전문지식이 활용되는 두 가지 방법 간 균형 상태 혹은 수준은 코칭 과정의 각 단계에 따라 달라질 수 있다. 즉, 전문 코치는 질문할 때와 말할 때, 자기 발견을 증진시켜야 할 때와 전문성에 토대를 둔 정보 제공을 해야 할 때가 각각 언제 인지를 알고 있다.

이외에도 심리학자인 전문 코치라면, 코칭을 수행하는 과정에서 많은 유연성을 발휘할 수 있을 것으로 기대가 된다. 전문가로서 갖추고 있는 이론과 지식들을 적절하게 활용하여 고객을 이해하고 보다 효과적인 접근 방법들을 선택할 수 있어야 할 것이다. 코칭의 각 단계와 국면에서 효과적인 기법들을 적절히 활용할 수 있어야 하며, 코칭의 가장 핵심인 자기수도학습을 촉진시키는 능력을 발휘할 수 있어야 한다.

코치가 갖고 있는 특정 분야의 지식 혹은 이슈와 관련된 전문지식은 최후의 카드로 활용할 수 있으며, 피코치의 적극적 요청이 있을 때, 기준을 수반한 판단하에 제시할 수 있을 것이다. 여기서 중요한 구분이 필요하다. 즉, '코칭에 필요한 전문지식의 내용이 무엇이어야 하는가?'다. 피코치의 개인 이슈 및 개발 목표와 관련된 전문지식인가 아니면, 코칭이 작동되는 과정과 한 인간으로서 피코치의 기본적인 특성, 학습, 발달 과정에 대한 깊이 있는 이해인가? 이 두 가지는 명확하게 다른 영역이며 반드시 구분되어야 한다. 전자의 경우는 선택 요건이지만, 후자의 경우는 필수 요건이다.

코칭을 효과적으로 수행하기 위해서는 물론 코치로서의 자질과 기본적인 코칭에 대한 이해와 코칭 스킬의 활용 능력이 가장 우선되는 요건이다. 하지만, 이를 넘어서서 전문 코치로서 경력을 지속적으로 개발시켜 나가고 코칭의 성과를 점진적으로 높여 가기 위해서는 다른 요건이 필요하다. 어떻게 하면 코칭 프로세스를 보다 효과적으로 그리고 유연성을 발휘하며 이끌어 나갈 것인가에 대한 고민이 필요하다. 여기서 효과적이란 말은 코칭의 기대 성과를 창출하는 능력과 관련된 것이며, 유연성 발휘란 변화를 방해하는 개인적 특성과 외부 상황적 요인들에 적절히 대응해 갈 수 있는 능력을 말한다. 이와 관련된 전문지식과 경험이 부가적으로 요구된다.

제2부

심리학 기반의
코칭 접근

제1부에서는 코칭이 어떤 것이며, 코칭이 조력 전문 분야로서 지속 발전하기 위해서 필요한 도전과제들이 무엇인지에 대해 소개히였디. 코칭 스스로 변화와 성장을 하기 위한 우선 과제는 바로 코칭의 전문성 확보다. 이에 따라 기존의 검증된 이론과 지식들을 토대로 한 근거기반 코칭의 필요성이 대두되었으며, 이렇게 탄생된 것이 바로 심리학 기반 코칭이다. 심리학 기반 코칭이란, 코칭을 심리학의 관점에서 바라보고 이해하는 것이며, 더 나아가 코칭에 심리학 이론과 경험적 연구 결과들을 적용함으로써 코칭의 효과성을 높이는 것을 목표로 한다.

제2부에서는 코칭에서 진행되는 주요 변화 과정을 심리학 관점으로 재구성하고 이를 기초로 한 심리학 기반 코칭 모델을 소개하고자 한다. 기존의 '코칭을 어떻게 하는가?' 라는 질문에서 '코칭이 어떻게 작동되는가?' 그리고 '피코치는 코칭 과정에서 어떤 경험을 하는가?' 라는 질문으로 초점을 바꾸어 보자. 코칭에서 중요하게 여기는 관점의 전환은 바로 여기에서도 적용된다. 코치의 관점이 아니라 피코치의 관점에서 코칭을 바라보는 것은 코칭 과정에서 피코치가 경험하는 변화의 속성과 코칭의 작동 원리를 이해하는 데 도움이 될 것이다. 기존의 틀에 짜인 코칭 실무 기법에서 벗어나 눈에 보이는 그리고 보이지 않는 피코치의 역동적인 변화 과정을 이해하는 데 도움이 될 것이다. 더 나아가 이를 토대로 보다 효과적으로 변화를 촉진할 수 있는 새로운 접근과 기법의 개발로 이끌어 줄 것이다.

THE PSYCHOLOGY OF COACHING

03
코칭의 재구성

심리학자로서 코칭을 하면서 주위 전문 코치들로부터 많이 받은 질문은 바로 "코칭을 하려면 심리학을 공부해야 하나요?" "코칭에 활용할 수 있는 심리학 이론이나 개념은 어떤 것이 있나요?" 등이다. 첫 번째 질문은 심리학이 코칭에 왜 필요한지, 그리고 두 번째 질문은 어떤 심리학 이론이나 지식을 학습해야 하는지에 관한 것이다. 의외로 이 질문에 대한 명쾌한 답을 찾기가 쉽지 않았다. 그 이유는, 첫째로 심리학이 코칭에 많은 도움이 될 수 있다는 믿음은 있으나, 코칭의 핵심요소와 과정을 심리학과 연결 지어 논리적으로 설명할 수 있는 틀이 부족하기 때문이다. 코칭 패러다임, 코칭 기법 및 코칭 프로세스 등 '코칭을 하는 방법'에 주로 초점이 맞춰져 있는 기존의 틀로는 심리학뿐만 아니라 기존의 검증된 지식 체계를 코칭 실무와 체계적으로 연결시키기가 어렵다.

코칭 경력이 꽤 있는 전문 코치들 중에도 때로는 기본적인 코칭 기법들을 충실히 활용했음에도 불구하고 기대에 못 미치는 성과의 원인을 몰라 혼란스러워하는 경우가 있다. 그 외에도 개인적 경험을 토대로 전문

가 수준의 코칭 전략을 다양하게 장착하고 있음에도 불구하고 코칭의 성
과 예측도와 원인 분석의 수준은 그리 높지 않은 경우가 있다. 코칭 실무
경험의 양적인 증가와 코칭과 관련된 전문지식을 습득하려는 노력에 비
해 성공 경험의 체계적인 축적과 새로운 학습이 쉽지 않은 것도 앞서 언
급한 이유와 무관하지 않을 것이다.

　코칭에 대한 심리학계의 움직임을 살펴보면, 2000년 호주 시드니 대
학교의 앤서니 그랜트 교수가 코칭심리학의 시대가 도래했음을 선포한
이후,[1] 코칭에 대한 심리학자들의 관심은 지속적으로 증가되어 왔다. 영
국과 호주 그리고 미국을 중심으로 코칭심리학 연구회들이 만들어지고
코칭에 대한 심리학 접근의 연구활동들이 시작되었다. 국내에서도 2011
년 한국 심리학회 산하 코칭심리학회가 창립되어 빠른 변화가 일어나고
있다. 코칭심리학은 코칭 과정에 심리학 이론과 지식을 활용하는 것을
시작으로 코칭 현상과 과정 자체를 심리학적으로 연구하는 것을 궁극적
인 목표로 삼고 단계적으로 성장해 나가고 있다. 이는 코칭심리학 정의
가 어떻게 변화되고 있는지를 보면 알 수 있다.

　코칭심리학에 대한 초기 대표적인 정의는 '성인학습과 심리학 접근법
을 토대로 한 코칭 모델로 개인의 삶과 일의 영역에서 안녕과 성과를 높
이는 것'이었다.[2][3] 이와 비교하여 최근의 정의는 '코칭에 대한 이해를 높
이고 실무 역량을 증진시키기 위해 코칭 현상에서 나타나는 행동, 인지,
정서에 관한 과학적 연구'다.[4] 심리학은 인간의 행동과 정신과정을 과학
적으로 연구하는 학문이다. 코칭 현상을 심리학적으로 연구한다는 것은
단순한 심리학 지식을 코칭에 활용하는 것과는 다른 차원으로서 코칭 과
정을 이해하기 위해 이와 연관된 동기, 인지 및 행동을 체계적으로 연구

한다는 의미다. 바로 코칭심리학 이론과 모델은 이와 같은 연구 결과들을 토대로 구축될 수 있을 것이다.

그러나 아직까지 코칭심리학 고유의 모델이라고 할 만한 것은 부족하다. 코칭심리학이라고 지칭되기 위해서는 독립된 지식 체계를 갖추고 있어야 하지만, 아직까지 코칭심리학이라는 독립된 이론과 전문적 실무에 대한 틀이 구축되지 못한 상황이다. 그동안 코칭과 관련된 심리학 접근의 시도들이 이루어졌다. 특히 기존의 상담심리학 접근들과 접목된 다양한 코칭 접근(예: 인지행동적 코칭, 해결중심적 코칭, 정신분석적 코칭 등)[5]은 코칭 접근의 범위를 확대하는 데 기여하였다. 하지만 이러한 접근들은 이론적 차원에서의 결합이라기보다는 기법 차원에서의 결합에 가깝다. 이론 수준의 결합은 서로 기본적으로 철학과 관점에 있어서 공유되는 점이 확인되고 이를 토대로 개념과 접근방법의 통합이 이루어지는 것이다.

코칭심리학 이론이라는 지식 체계가 구축되는 데는 시간이 더 걸릴 듯하다. 심리학을 코칭에 적용하여 코칭의 효과성을 높이기 위해서는 선행되어야 할 작업이 있다. 바로, 심리학의 관점으로 코칭을 이해하는 것이며, 이를 기초로 코칭의 틀을 재구성하는 것이다. 심리학으로 코칭을 이해한다는 것은 코칭의 원리를 심리학 관점으로 조명해 보는 것이다. '코칭을 어떻게 하는가'에서 '코칭이 어떻게 작동되는가?'로 초점을 바꿔 보자. 코칭의 작동원리는 코칭하는 방법과는 다른 차원으로서 실제로 코치가 수행하는 코칭 대화 혹은 코칭 기술이 피코치의 변화 과정에서 어떤 기능을 하고 코칭으로 어떻게 변화가 이루어지는지에 관한 것이다. 심리학이라는 인간에 대한 풍부하고 객관적으로 검증된 지식을 코칭에 체계적으로 적용하고 이를 적절히 활용하기 위해서는 전제 조건이 있다. 첫째는 코칭의 작동 원리에 대한 이해, 둘째는 코칭과 심리학 간 잘 짜인 연결고리의 확인이다.

이 장에서는 코칭심리학이라는 지식 체계를 구축하는 데 있어 사전 과정으로서 심리학의 관점으로 코칭을 이해하고 이를 바탕으로 심리학 기반 코칭 모델을 제안해 보고자 한다. 심리학 기반 코칭 모델은 코치의 관점에서 코칭을 하는 방법이 아닌 코칭의 작동 원리에 초점을 맞추고 있으며, 피코치 관점에서 경험하는 변화 과정과 내용에 그 토대를 두고 있다. 심리학 기반 코칭 모델은 심리학과 코칭의 연결고리를 제공해 주어 보다 체계적으로 심리학 이론과 지식들을 코칭에 활용할 수 있게 해 줄 것이다.

1. 심리학으로 코칭 이해하기

기존의 코칭 철학, 코칭 스킬 그리고 코칭 프로세스와 같은 틀은 코치 입장에서 어떻게 코칭을 할 것인가에 관한 것으로 일종의 코칭 실무의 틀이다. 코칭과 흔히 비교되는 상담이나 임상심리 분야와 비교를 해 보자. 일반적으로 상담심리 이론과 실무들을 보면, 실무를 뒷받침하는 관련 이론들이 구축된 후에 이를 기초로 구체적인 상담기법들이 개발되고 이와 관련된 검증 연구들이 이루어진다. 그러므로 이론과 실무 간의 연결고리는 자연스럽게 만들어져 있다. 반면, 코칭은 실무 중심으로 발전해 온 분야이고, 코칭의 작동 원리와 코칭기법에 관한 근거 이론이 아직 부족하여 기존의 관련 이론과 지식들을 코칭과 연결시켜 체계적으로 활용하기가 쉽지 않다.

실무와 이론 간의 연결 고리를 찾기 위해서는 실무 기법이나 접근 수준에서가 아니라 실무 기법들의 작동 원리와 기대 효과에 초점을 두어야 한다. 예를 들어, 경청 스킬의 효과를 더 높이기 위해서는 다양한 경청 방법을 찾아서 익히는 것보다 경청의 작동 원리와 기대 효과에 초점을 두는 것이 더 중요하다. 코치가 피코치의 말을 경청하면 피코치는 수용 받고 존중받는다는 경험을 하게 되고 코치와의 관계 구축이 원활해지면서 보다 적극적으로 코칭 대화에 임하게 될 것이다. 우리가 코칭에서 경청 스킬을 통해서 얻고자 하는 것이 피코치의 이러한 경험이라고 한다면, 이와 유사한 효과를 얻는 데 도움이 되는 방법들을 찾는 데 다양한 학문분야의 지식을 폭넓게 탐색해 볼 수 있을 것이다. 마찬가지로 좋은 질문이 피코치의 진지한 성찰과 숙고 과정을 촉진하고 이슈와 관련된 다양한 관점을 갖도록 도와준다고 가정해 보자. 이처럼 질문의 기능 혹은 기대 효과에 관심을 둔다면, 단지 개방형 혹은 미래지향형과 같은 질문 패턴을 넘어서서 유사한 효과를 얻을 수 있는 다양한 접근을 시도해 볼 수 있을 것이다.

심리학 기반 코칭 접근은 다양한 심리학 지식을 활용하여 코칭의 효과를 높일 수 있는 방안들을 모색해 보는 것이다. 구체적으로 코칭 기법 자체가 아닌 이들의 작동 원리와 기대 효과에 초점을 두는 것이며, 코칭의 성과 유무를 넘어서 이와 관련된 원인을 추론하고 코칭 과정을 전반적으로 조망하는 것에 중점을 둔다. 더 나아가 이는 유사한 효과를 얻기 위해 다양한 접근을 개발하고 활용할 수 있다는 것을 의미한다. 예를 들어, 연장을 사용한 경험이 풍부한 숙련가들은 특정 연장의 사용이 여의치 않을 때 유사한 기능을 가진 적합한 도구를 선택할 수 있고 또한 동일한 효과를 발휘할 수 있는 새로운 도구들을 개발할 수도 있다. 이는 연장의 작동 원리와 기대하는 효과를 명확하게 숙지하고 있기 때문에 가능한 일이다. 코칭 대화에 활용되는 경청, 질문 및 피드백 스킬은 각각의 작동 원리와 이를 통해 얻을 수 있는 기대효과가 존재한다.

코칭 스킬의 활용과 코칭 과정의 운영에 있어서 이들의 작동원리를 이해한다는 것은 중요한 의미가 있다. 코치는 다양한 성향과 욕구를 지닌 피코치를 만나더라도 혹은 변화에 대한 강한 저항이나 상황적 제약에도 불구하고 기대하는 변화를 이끌어 낼 수 있어야 하기 때문이다. 따라서 기본 코칭 스킬이나 방법을 넘어서 피코치 개개인의 특성을 고려하고 상황에 적합한 다양하고 창의적인 방법들을 고안하는 것이 중요하다. 심리학 기반 코칭 접근은 코칭 스킬의 효과적인 습득을 넘어서 다양한 코칭 접근과 스킬 개발을 가능하게 해 줄 것이다.

심리학 기반 코칭 접근은 코칭의 효과성 증진을 위해서 이미 검증된 지식체계를 갖춘 심리학을 어떻게 활용할 것인가에 초점을 맞추고 있다. 코칭에 심리학을 활용하는 방법은 다양한 차원으로 구분할 수 있다. 첫째, 인간의 사고와 감정 그리고 행동에 대한 검증된 지식을 토대로 보다 효과적인 코칭 기법을 개발하거나 기존의 코칭 기법의 효과성을 높이는 것이다. 둘째, 피코치의 개인 특성(욕구, 성향, 가치, 능력 등)에 대한 통합적인 이해를 도대로 개인 맞춤형 변화와 성장을 돕는 것이다. 이 두 가지 차원은 각각 초점과 활용 범위에서 차이가 있다.

전자는 구체적인 코칭 실무기법 및 전략의 효과성을 높이기 위해 관련된 심리학 이론과 진단 도구들을 활용하는 것이다. 예를 들어, 경청의 효과를 높이기 위해 관련 심리학 지식들을 활용하는 것이다. 혹은 피코치와의 관계구축에 도움이 되는 성향 파악을 위해 검증된 심리진단 도구를 활용하는 것이다. 반면, 후자는 코칭 과정에서 일어나는 피코치 개인의 변화와 성장 과정을 전체적으로 조망하는 능력을 배양하는 것이 핵심이다. 즉, 변화와 관련된 검증된 틀이나 단계 이론들을 토대로 개인의 변화과정을 이해하고 체계적으로 분석하는 것이다. 예를 들어, 전자가 관계구축을 위한 전략 수립, 효과적인 관점 전환 방법, 실행 의지를 높이는 방법 등 구체적인 코칭 기법에 심리학 지식을 활용하는 것이라면, 후자는 피코치에 대한 통합적인 이해를 바탕으로 적합한 변화 방향을 잡고 개인의 변화 과정을 전체적으로 조망하고 체계적으로 이끌어 나가는 데 심리학을 활용하는 것이다. 후자는 코칭 과정에 대한 메타인지 능력을 발휘하는 것으로 여기에는 변화 과정의 기저에 있는 촉발 혹은 유지 요인들이 무엇이고 이들이 어떻게 작동하는지에 대한 심도 있는 이해과정이 포함된다.

수많은 피코치가 코칭 과정에서 펼쳐 놓는 파노라마와 같은 변화들에는 공통적인 단계가 존재한다. 그리고 각 단계에 영향을 주는 내·외적 요소들이 있다. 코칭의 작동 원리는 인간의 변화와 발달 과정이라는 큰 흐름상에서 이해되어야 한다. 따라서 인간의 변화 과정에 대한 이해가 우선이다. 변화가 어떤 상황에서 일어나는가? 변화가 어떤 흐름으로 진행되는가? 변화가 일어나기 위해서는 무엇이 필요한가? 변화를 지속시키기 위해 필요한 것이 무엇인가? 등과 같은 질문을 떠올려 보자. 그런 다음 이와 관련된 답을 검증된 심리학 이론과 개념들에서 찾아서 코칭 실무에 적용해 보자. 이것이 바로 심리학 기반 코칭 접근이다.

한편으로 코칭 장면에서 만나는 피코치는 매우 다양하고 이들이 처한 상황도 매우 변화무쌍하다. 각 변화 단계마다 이와 관련된 욕구와 심리적 특성들이 존재하기 때문에, 이들과 코칭 접근 간의 적합한 조합은 코칭의 효과성에 중요한 영향을 미칠 수 있다. 심리학은 인간의 변화 과정에 대한 많은 검증된 지식을 제공해 줄 수 있다. 뿐만 아니라 변화 과정에 대한 체계적인 틀을 구축하고 변화를 촉진하는 코치의 전문적 능력을 제고하는 데 그 중요성과 효과가 증명된 학문분야라 할 수 있다. 심리학 기반 코칭 접근은 코칭이 갖는 이러한 역동성에 적절히 대응하고 다양한 특성을 지닌 피코치의 변화와 성장을 돕는 데 중요한 역할을 할 수 있을 것이다.

이 책에서는 심리학 기반 코칭의 구현을 위해, 첫째로 피코치가 성공적으로 변화와 성장을 경험하는 데 필요한 핵심요소를 도출하여 이를 토대로 코칭을 새롭게 정의하고 개념화하였다. 둘째는 피코치가 각 핵심요소와 관련하여 단계적으로 경험하는 변화 과정을 구분한 뒤 각 단계에서 활용할 수 있는 심리학 개념과 지식들을 정리하였다. 마지막으로 기존 코칭 스킬의 습득에 앞서 자발적인 변화의 원리를 이해하고 명확한 목표에 근거하여 코칭의 효과성을 높이는 방안들을 새롭게 제안하였다. 심리학 기반 코칭 접근은 코치가 지속적으로 코칭 전문역량을 개발해 나가기 위해 활용할 수 있는 틀이 될 수 있을 것이다.

2. 심리학 기반의 코칭 모델

이 책에서는 심리학 기반의 코칭이라는 접근을 소개하면서 다음과 같이 코칭을 새롭게 정의하였다.

'코칭이란, 성장지향 패러다임을 토대로 독특성을 지닌 개인의 자기 성찰을 촉진하여 주도적인 변화와 성장을 전문적으로 지원하는 과정이다.'

앞의 정의에서 핵심 키워드는 성장지향 패러다임, 개인의 독특성, 주도적인 변화와 성장이다. 기존의 코칭 정의와 비교해 볼 때 차이점은, 첫째로 코칭 철학에 담겨 있는 무한한 잠재력에 대한 신뢰가 아니라 인간의 기본적인 욕구인 성장 욕구에 초점을 둔다는 점, 둘째는 피코치의 개별성과 독특성을 존중하고 피코치도 스스로 이를 인식하고 변화에 활용할 수 있도록 돕는다는 점, 셋째는 피코치가 자발적이고 주도적으로 자신의 변화 과정을 이끌어 나가게 하는 데 코치가 전문적으로 지원해 줄 수 있는 부분이 무엇인가에 초점이 맞춰져 있다는 점이다. 더 나아가 피코치가 자신의 변화 경험에 대한 성찰을 통해 지속적인 성장을 위한 자원을 구축할 수 있도록 돕는 과정을 중요시 한다.

개인의 변화 과정에는 눈에 보이지 않는 많은 요소가 존재한다. 이들을 적절하게 관리하여 변화에 적합한 심리적 상태를 조성하는 것이 바로 심리학 기반 코칭 전문가의 역할이다. 코치는 피코치가 이미 갖고 있는 자원과 강점들을 활용할 수 있도록 돕고 때로는 새로운 변화 동기를 만들어 내고 변화에 필요한 에너지들을 불러일으켜야 한다. 또한 피코치의 내·외적 자원들을 적극 활용하여 기대하는 변화 과정에서 요구하는 구체적인 활동을 효과적으로 수행할 수 있도록 지원해야 한다.

심리학 기반의 코칭 모델은 심리학이 코칭에 왜 필요한지 그리고 어떤 심리학 지식이 코칭에 활용 가능한지에 관한 답을 찾아가는 과정에서 정리된 하나의 틀이다. 이 틀은 코칭에서 나타나는 주요 변화 단계와 과정 속에 숨겨진 피코치의 심리적 경험들을 들여다보고 이를 체계적으로 정리한 것이다. 광범위한 심리학 지식들 중에 어떤 내용이 코칭과 관련이 있고 각각의 내용들이 코칭의 어떤 과정에 필요하고 어떤 효과를 창출하는 데 도움이 되는지에 관한 정리된 틀이 있다면, 보다 체계적으로 그리고 편리하게 심리학 지식을 코칭에 활용할 수 있을 것이다. 이 틀의 목적은, 첫째로 코칭에서의 변화 촉발 요인과 변화 과정을 체계적으로 구분하고 정리하기 위한 것이고, 둘째는 이 틀을 기초로 코칭에 활용될 수 있는 심리학 지식들을 적절하게 선택하여 적용하기 위한 것이다. 더 나아가 심리학 이외에 다양한 학문분야의 이론과 지식들을 코칭 실무와 연결시키기 위한 것이기도 하다.

〈표 3-1〉은 앞서 소개한 코칭에 대한 정의에 기초하여 코칭에서 다루어야 할 핵심과정과 내용들을 정리한 틀이다. 주요 내용과 관련 작업들을 소개하면 다음과 같다.

첫째, 성장 지향적 관점으로 피코치를 바라보고 수용하는 것이다. 피코치가 지금보다 더 나아지고자 하는 자신의 성장 욕구를 스스로 인식하는 것으로 코칭은 시작된다. 성장지향 패러다임으로 피코치를 바라보고 피코치의 성장 욕구를 적극적으로 수용하고 인정하는 코치의 관점과 태도는 피코치로 하여금 자신의 성장 욕구에 대한 자각을 촉진시켜 준다.

둘째, 전체론적 관점으로 피코치를 바라보고 이해하는 것이다. 이는

I. 성장 지향적 관점	성장 욕구를 자극하고 수용하라.

II. 전체론적 관점	이슈가 아닌 사람에 초점을 맞추라.

III. 주도성 증진	자율적 선택과 결정의 권한을 부여하라.

IV. 변화 촉진	변화의 핵심요소를 활용하여 변화를 촉진하라. • 동기 관리: 변화 준비도를 점검하고 전략을 수립하라. • 목표 관리: 목표를 향한 자기 조절 과정을 도와라. • 실행 관리: 변화를 가로막는 저항 요인을 확인하라.

V. 성장 잠재력 구축	변화를 넘어 지속 성장의 토대를 구축하라.

[그림 3-1] 심리학 기반 코칭 모델

피코치가 당면 이슈에만 초점을 맞추는 것에서 벗어나 다양한 관점으로 이슈와 관련된 자신의 모습을 돌아볼 수 있도록 성찰 과정을 돕는 것이다. 이를 통해 피코치는 자기 인식의 폭을 넓힐 수 있고 특히 변화에 활용할 수 있는 자원들이 새롭게 발굴될 수 있다.

셋째, 주도성을 증진시키는 과정이다. 피코치가 변화의 주체자로서 변화와 관련된 다양한 선택과 결정 과정에서 주도성을 발휘할 수 있도록 돕는 것이다. 다시 말해서 코칭 대화를 주도하고 변화 과정을 주도하는 역할을 피코치에게 부여하는 것이다.

넷째, 변화를 촉진하는 과정이다. 여기에는 변화 동기를 점검하고, 목표 수립 및 실행을 돕는 과정이 포함된다. 구체적으로 변화 실행과 유지를 위한 동기와 장치를 마련하고 보다 효과적인 변화 실행 방법들을 활용할 수 있도록 지원하는 과정이다. 마지막으로 성장 잠재력을 구축하는 과정이다. 실행 과정에서의 경험들을 통해 주요 성공 요소들을 도출하고 변화에 대한 통제력을 높여 지속적인 성장의 토대를 구축하도록 돕는 것으로 코칭 과정은 마무리 된다.

심리학 기반 코칭 모델은 기존의 심리학 지식을 코칭에 보다 적절하고 원활하게 활용하기 위한 틀이다. 변화의 주체자인 피코치에게 초점을 맞추고 피코치가 변화 과정을 보다 효과적으로 이끌어 갈 수 있도록 코치가 지원해야 할 부분이 무엇인지에 관한 것이다. 코칭의 핵심요소와 코칭에 대한 단계적인 틀은 광범위한 심리학 지식과 이론들의 활용을 보다 용이하게 해 줄 것이다. 또한 심리학 지식을 활용할 때에도 구체적으로 활용 목적과 기대하는 성과를 명확하게 수립하고 계획수립을 할 수 있으며 이에 따라 그 효과성 여부의 확인도 보다 용이해질 것이다.

04

성장 욕구를 자극하고 수용하라

1. 성장지향 패러다임

사람들은 누구나 끊임없이 지금보다 더 나은 모습을 기대하고 바람직한 방향으로의 변화와 도전을 꿈꾼다. '새해에 달라지고 싶은 것은 무엇인가?' '새해에 새롭게 도전하고 싶은 것은 무엇인가?'라는 질문은 새해가 되면 일상으로 나누는 대화다. 그리고 사람들은 이에 큰 거부감과 주저함 없이 각자에게 의미 있는 목표와 개인적인 기대를 담아 대답한다.

코칭은 개인의 욕구, 바람, 목표 혹은 비전을 다루는 것이다. 구체적으로 어디로 가길 원하는지, 그리고 그곳으로 가기 위해 어떤 계획을 세울 것인지에 관한 작업이다.[1] 코칭은 인간의 기본 욕구이자 에너지 유발의 원천인 성장 동기에 토대를 두고 각자 원하는 방향으로의 변화를 지원하는 과정이다. 사람들은 누구나 지금보다 더 나은 방향으로 변화하길 원하며, 각자 원하는 모습과 상태는 다를지라도 보다 긍정적이고 바람직한 방향으로 나아가고자 하는 욕구를 갖고 있다. 이것이 바로 성장 동기다.

코칭은 성장지향 패러다임을 토대로 개인의 주도적 변화와 성장을 지원하는 과정이다. 성장지향 패러다임이란 피코치를 바라보는 코치의 관점으로서 그 기저에는 다음 세 가지 가정에 대한 믿음이 있다. 첫째, 사람들은 누구나 성장 욕구를 갖고 있다. 둘째, 사람들은 각자 자신의 가치 혹은 바람과 연관된 변화와 도전에 이끌린다. 마지막으로 사람들은 변화와 도전에 필요한 잠재적 자원을 지니고 있다. 세 가지 가정을 좀 더 자세하게 살펴보자.

성장지향 패러다임의 기본 가정

1. 사람들은 누구나 성장 욕구를 갖고 있다.
2. 사람들은 각자 자신의 가치 혹은 바람과 연관된 변화와 도전에 이끌린다.
3. 사람들은 변화와 도전에 필요한 잠재적 자원을 지니고 있다.

첫째, 사람들은 누구나 지금보다 더 나은 방향으로의 변화를 원한다. 이는 단지 더 나은 상태나 모습을 얻고자 하는 것을 넘어서서 자신에 대한 가치를 더 높이고 더 의미 있는 경험과 성취를 하고자 하는 욕구를 의미한다. 대부분의 스트레스, 어려움, 문제들은 이러한 성장 욕구가 충족되지 않는 경우에 발생할 수 있다. 그런데 사람들은 많은 경우, 처음의 시작점을 생각하기보다는 현재 불만족스러운 상태나 자신의 모습에 대해 실망스러워하고 힘들어 한다.

새로운 보직을 맡은 지 3개월째인 한 신임팀장은 자신의 기대대로 움직여 주지 않는 팀원들 때문에 스트레스를 많이 받고 있다. 늘어난 업무로 성과 목표 달성이 어려울 것 같아 부담감이 늘어가고 있다. 팀장으로서 자신의 능력에 대한 회의가 들기도 하고 기대에 부응해 주지 않는 팀원들이 답답하게만 느껴진다.

이때 현재 겪고 있는 부정적인 경험에 우선 초점을 맞추기보다 변화의 시발점에서 갖고 있었던 기대와 바람을 떠올려 보도록 해 보자. 팀장은 팀원의 역량을 잘 이끌어 내어 지금보다 더 유능한 리더가 되고자 했던 자신의 동기를 다시 상기하게 된다. 자신의 성장 욕구에 대한 피코치의 자각과 이에 대한 코치의 수용은 변화의 첫걸음을 내딛는 데 필요한 동력이 된다.

둘째, 사람들은 각자 자신의 가치 혹은 바람과 연관된 변화와 도전에 이끌린다. 개인의 성장 욕구는 자신이 중요하게 여기고 기대하는 변화를 꿈꿀 때 그 존재를 드러낼 가능성이 높다. 또한 성장 욕구의 구체적인 내용에는 개인의 가치와 비전이 반영된다.

서로 다른 두 팀장의 코칭 목표는 동일하게 효과적인 구성원 육성이다. A 팀장의 경우, 코칭 목표는 구성원의 역량 개발을 통해 팀의 성과 향상을 꾀하고자 하는 과제 지향적 욕구와 관련되어 있다. 반면, B 팀장의 경우는 육성 과정에서 긴밀하게 이루어지는 구성원 개개인에 대한 이해와 상호신뢰 구축이라는 관계지향적 욕구와 연결되어 있다.

이와 같이 구체적인 변화 목표뿐만 아니라 개인이 충족시키고자 하는 성장 욕구의 내용에도 관심을 갖는 것이 중요하다. 누구나 추구하는 평범해 보이는 목표가 이처럼 개인의 가치와 바람으로 색이 입혀지면 그 순간 코칭 목표는 단순히 변화 여부와 정도를 확인하는 지표가 아니라 가슴을 뛰게 만드는 에너지원이 될 수 있기 때문이다. 탁월한 성과를 내는 뛰어난 리더가 되고자 하는 A 팀장의 바람이 확인되고 구성원들 간의 신뢰구축에 대한 B 팀장의 가치가 코치와 명확하게 공유된다면 목표에 대한 피코치의 오너십과 코치와의 파트너십이 보다 공고해질 것이다.

셋째, 사람들은 이러한 변화와 도전에 필요한 잠재적 자원을 지니고 있다. 사람들은 명확한 방향을 갖게 되면 변화와 성장에 필요한 잠재능력을 발휘할 가능성이 높아진다. 에이브러햄 매슬로(Abraham Maslow)[2]에 의하면, 잠재력 실현 경향성은 누구나 타고나는 것이다. 하지만, 누구나 이러한 잠재력을 최대한 발현하고 더 나아가 자아실현을 이루지는 못한다. 칼 로저스(Carl Rogers)[3]는 타고난 잠재력 실현 혹은 자아실현 경향성을 발휘하는 데 필요한 조건을 구체적으로 제시해 주었다. 로저스는 내담자 중심의 상담 접근*에서 내담자와 상담자 간의 관계형성의 질을 무엇보다 중요시하였다. 개인의 잠재능력이 발현되기 위해서는 자신을 무조건적으로 수용하고 존중해 주며 공감해 주는 중요한 대상과의 관계 형성이 필요하다. 부모가 자녀를 무조건적으로 수용하고 존중해 줄 때 자녀는 자신의 잠재 능력에 대해 관심을 갖고 좀 더 적극적으로 원하는 방

---

* 내담자 중심의 상담 접근: 칼 로저스의 인간의 타고난 자기 실현 욕구와 성장 잠재력에 대한 믿음을 토대로 구축된 상담 접근이다. 내담자의 성장 잠재력을 발현하는 데 상담자의 공감적 이해, 무조건적인 수용과 존중 그리고 진솔한 태도가 중요하다고 보고 이를 주요 상담 기법으로 삼고 있다.

향으로의 변화를 꾀할 수 있다. 피코치의 잠재력에 대한 코치의 믿음도 중요하지만, 코치의 믿음만이 아닌 자신의 성장 욕구와 잠재력에 대한 피코치의 자각도 수반되어야 한다. 또한 이러한 잠재능력이 최대한 발휘될 수 있도록 관계를 통한 토대를 구축하는 것이 중요하다. 구체적으로 수용과 존중, 그리고 공감이 바로 그것이다.

코칭은 결핍 동기에 초점을 두기보다는 성장 동기에 초점을 둔다. 이는 코칭이 상담이나 심리치료와 구별되는 특징이기도 하다. 예를 들어 리더십 진단 결과로 확인된 부족한 역량을 키우는 것, 혹은 부진한 성과에서 벗어나기 위해 새로운 전략을 짜는 것, 이 모두 코칭의 목표가 될 수는 있다. 이에 비해 이번 기회에 리더십의 강약점을 파악하여 나만의 리더십 스타일을 개발하는 것, 지속적인 성과 창출에 필요한 잠재력을 개발하는 것은 궁극적으로 도달하고자 하는 지점과 방향이 다르다. 더 나아가 코칭은 목표 달성으로 끝나지 않는다. 목표 달성과정에서 얻은 자신에 대한 성찰과 새롭게 확인한 가치와 자원들을 토대로 지속적인 성장 동기를 유발하는 것이 코칭의 궁극적 지향점이다.

새롭게 맡은 역할이 익숙지 않아 자신도 성과에 실망스럽고 자신감이 저하된 상황에서 도움을 받고자 코칭이 시작되었다. 자신이 부족한 것이 무엇인지를 확인하고 이를 보완하기 위한 노력을 기울이고 구체적인 행동 계획을 실행에 옮기기 시작한다. 그런데 변화 과정에서 자신의 새로운 잠재능력을 확인한 피코치는 자신의 변화 과정이 부족한 것을 메우는 것이라기보다 더 높은 목표를 향한 발전적 토대임을 깨닫게 된다.

바로 이런 점에서 코칭은 성장을 궁극적으로 지향한다. 결핍에 의해 생겨난 동기와 지금보다 더 나은 단계로 성장을 하고자 생겨난 동기는 질적인 차이가 있다. 코치는 피코치로 하여금 노력과 에너지가 많이 필요한 코칭 과정에서 좀 더 많은 가치와 의미를 부여할 수 있는 변화와 성과를 얻을 수 있게 도와줄 수 있어야 한다. 구체적으로, 단순한 기술 습득이나 정보 획득이 아닌 중요한 성장의 기회를 얻을 수 있는 해 주어야 한다. 피코치의 성장 욕구와 성장 잠재력에 대한 코치의 믿음은 단순히 문제 해결이나 기술 습득을 넘어서 지속적인 변화와 성장의 촉매제가 된다.

성장지향 패러다임은 코칭의 차별적 요소와 코치의 역할을 그대로 담고 있다.

첫째, 코칭이 상담 및 심리치료와 달리 광범위한 대상에 적용이 가능한 이유를 설명해 준다. 현재 해결해야 할 당면 문제가 있거나 심리적 적응에 어려움이 있는 경우가 아니더라도 누구나 지금보다 더 나은 모습을 꿈꾸며 에너지를 집중하고 싶어 한다. 하지만 방향을 잡기가 쉽지 않고 자신이 원한다고 해서 무엇을 어떻게 해야 할지 결정하기가 쉽지 않다. 또한 기대한 대로의 변화 가능성에 대해서도 쉽게 믿음이 생기지 않는다. 코치는 이 과정을 함께 하는 파트너 역할을 한다.

둘째, 성장지향 패러다임은 전문가로서 변화에 필요한 정보와 해결책을 제시해 주는 컨설팅과도 코칭을 구별해 준다. 컨설팅과 달리 코칭에서는 피코치가 자신의 변화와 성장에 있어서 더 많은 정보와 자원을 갖고 있는 전문가다. 코치는 피코치의 숨겨진 혹은 스스로 인지하지 못하는 성장 욕구를 불러일으킴과 동시에 이와 관련된 피코치의 잠재력에 대

한 믿음으로 성장 욕구를 충족시키는 방향으로 스스로 주도적인 변화를
이끌어 갈 수 있도록 돕는다.

2. 성장을 향한 추구

성장 지향적 관점의 기저에는 인본주의적 철학이 있다. 성장 지향성에
대한 믿음은 이미 인본주의 심리학에서 강조되어 왔던 바다. 에이브러햄
매슬로는 욕구의 위계를 가정하고 생리적 욕구, 안전 욕구, 수용 욕구, 자
존감 욕구 및 자기 실현 욕구로 구분하였다.[2] 이 중 가장 높은 위계의 자
기 실현 욕구는 개인의 잠재 능력을 충분히 발현하고자 하는 욕구를 말
한다. 각 욕구들이 위계에 따라 반드시 순차적으로 충족이 되어야 한다
는 의미는 아니다. 중요한 것은 상대적으로 상위 위계에 속하는 욕구와
하위 위계에 속하는 욕구 간의 질적인 차이와 방향성이다. 하위 욕구에
해당하는 생리적 욕구와 안전 욕구는 부족함 혹은 결핍을 채우기 위해서
유발되는 동기인 반면, 자존감 욕구와 자기실현 욕구와 같은 상위 위계
에 속하는 욕구들은 현재 크게 부족함이 없더라도 끊임없이 더 높은 만
족감을 얻기 위해 동기가 유발된다는 것이 차이점이다. 에이브러햄 매슬
로는 이를 결핍 동기와 성장 동기로 구분하였다.[2] 사람들은 현재 낮은 위
계의 욕구 충족에 머무르고 있으나 끊임없이 상위 욕구의 충족을 꿈꾸고
있다. 따라서 시시각각 욕구 위계 수준을 오르락내리락 하면서 현재 머
무르고 있는 욕구 단계는 각자 다르겠지만, 누구나 지금보다 더 높은 위
계로 이동하고자 하는 방향성이 존재한다.

예를 들어, 누구나 꿈을 향한 도전 과정에서 실패와 좌절을 경험하면서 자존감이 손상되기도 하고 실패에 대한 막연한 불안감으로 힘들어 하기도 한다. 이런 장애물로 인해 상위 욕구를 향해 계속 나아가지 못하고 일시적으로 주춤하거나 주저앉아 있기도 한다. 어쩔 수 없이 기대와 달리 상대적으로 더 낮은 수준의 욕구에 머물면서 만족해하며 살아가는 경우가 있다. 그러나 큰 어려움 없이 안정적인 삶에 만족해하거나 혹은 좌절감에 일시적으로 동기가 저하되기도 하지만, 누구나 지금보다 상위의 욕구로 향하고자 하는 에너지를 갖고 있다. 성장을 향한 추구는 인간의 기본적인 욕구이기 때문이다. 사람들은 끊임없이 욕구 위계의 수준을 아래위로 이동한다. 코칭은 잠시 낮은 수준의 욕구에 머무르고 있거나 도전의 실패로 낙담해 있는 피코치들에게 상위 욕구로 향한 에너지를 다시 불러일으킬 수 있다. 예를 들어, 코치가 피코치로 하여금 처음 도전을 시도했던 시점에서 경험했던 가슴 뛰는 느낌을 떠올려 보게 해 본다. 그러자 피코치는 현재 자신의 좌절감과 불만족감이 사실은 '자신의 의욕에 찬 도전의 결과'일 수 있다는 생각을 하면서 현재 자신의 모습에 새로운 의미를 부여하게 된다.

인본주의 관점의 대표적인 학자인 칼 로저스는 인간의 발달 과정은 방향성이 있고 개개인의 틀 내에서 사람들은 자신의 최고 수준의 능력에 도달하고자 하는 기본적인 동기가 있다고 하였다.[3] 자신의 잠재력을 실현하고 자아를 실현하고자 하는 경향성은 타고난 것이며, 누구나 성장에 필요한 능력을 갖고 있다는 것이다. 따라서 성장에 도움이 되는 적합한 조건만 형성되면 누구나 자기 실현을 이룰 수 있다. 자아 실현 경향성은 인본주의 상담 접근의 중요한 토대며, 다양한 상담 접근을 아우르는 상담자의 핵심 역할도 여기서 출발한 것이다. 즉, 상담자의 역할은 내담자의 성장 잠재력을 믿고 지시적인 접근이 아닌 자신의 변화 방향성을 자유롭게 찾을 수 있도록 하고 스스로 문제 해결 방법을 찾도록 이끌어 주는 것이다.[4] 이를 위해서 상담자는 공감적 이해, 무조건적 수용과 존중의 태도로 잠재력 발현을 위한 최적의 조건을 만들어야 한다.

성장 지향적 관점은 코칭과 함께 인본주의 철학을 공유하고 있는 긍정심리학에서도 강조되고 있다. 긍정심리학은 그동안 심리학이 과도하게 부정적인 측면에 초점을 둔 점을 비판하면서 시작되었다. 긍정심리학은 심리적 부적응 상태가 아닌 최적의 기능을 보여 주는 상태(optimal human functioning)를 과학적으로 연구하는 학문이다. 인간의 긍정적 기능과 경험에 대한 관심을 새롭게 불러일으킴으로써 균형과 통합을 이루고자 하는 것이 긍정심리학의 목적이다. 긍정심리학은 긍정적인 측면에만 초점을 두는 것이 아니다. 긍정적인 측면과 부정적인 측면 간의 균형과 통합이 핵심이다.[5] 이는 전체적이고 통합적인 관점으로서 개인의 심리적 상태와 기능 수준을 더 이상 적응과 부적응 혹은 긍정과 부정과 같은 범주 구분이 아닌, 하나의 연속선상의 한 지점으로 보는 틀이기도 하다.[6] 따라서 중요한 핵심은 일관성 있게 추구하는 방향성이 존재한다는 것이다.

긍정심리학의 근간이 되는 인본주의적 관점 역시 인간 본성에 대한 긍정적 혹은 부정적 관점이라는 고정된 초점에서 벗어나 방향성을 강조한다. 즉, 사람들은 자신의 잠재력 실현에 도움이 되고 건설적이고 친사회적인 방향으로 변화의 초점을 맞춘다. 그러므로 개인의 가치는 자신의 잠재력 발현을 추구하는 과정에서 확인되고 때로는 새롭게 생겨날 수 있다.

3. 코칭 철학 vs 성장지향 패러다임

일반적으로 코칭의 근간을 이루는 코칭 철학**에 따르면, 코치는 피코치의 무한한 잠재력을 믿고, 해답을 갖고 있는 피코치가 스스로 변화를 이끌어 낼 수 있도록 촉진자 역할을 하는 것이다. 그런데 한편으로 코칭 철학은 코치에게는 힘겨운 인내심을 발휘하게끔 만들고 피코치에게는 부담감으로 전달될 수 있다. 코치는 코칭 철학의 근거가 희박한 상황에서도 의식적으로 장착해야 하는 의무 조항처럼 느껴져 부담감을 느낄 수 있다. 또 한편, 피코치는 '나 스스로도 나의 잠재력을 믿지 못하는 데……' '내가 답을 몰라서 이러고 있는데…….'라는 생각에 또한 부담감을 느낄 수 있다. 최악의 경우에는 코치에 대한 신뢰를 무너뜨릴 수도 있다. 그렇다면, 초점을 바꿔보자.

목표 달성에 필요한 특정 잠재적 자원과 능력 혹은 무한한 잠재능력이 아니라 지금보다 더 나은 모습으로 변화하고 성장하려는 피코치의 욕구를 믿어 보자. 그리고 코치뿐만 아니라 피코치도 인간의 기본적인 욕구인 자신의 성장 욕구를 스스로 인식할 수 있도록 해 보자. 성장지향 관점은 우리 모두가 보다 수용하기 수월한 조건을 담고 있다. 고민거리나 해결하고 싶은 이슈의 기저에는 거의 대부분 지금보다 더 나아지고 싶은 동기가 존재한다. 문제 의식이나 변화하고자 하는 동기에는 항상 이러한

** 코칭 철학: 코치가 피코치를 바라보는 관점이자 태도로서 코칭 철학에는 세 가지 가정이 포함된다. 첫째, 모든 사람에게는 무한한 가능성이 있다. 둘째, 그 사람에게 필요한 해답은 모두 그 사람 내부에 있다. 셋째, 해답을 찾기 위해서는 파트너가 필요하다.

성장 동기가 숨겨져 있다. 사람들은 현재 모습이나 상황이 본인이 원하는 것에 미치지 못하거나 다르기 때문에 불만족스러워하고 자신에게 실망감을 느낀다. 하지만 출발점을 떠올린다면 뭔가 더 나은 모습이 되기 위해서 혹은 자신의 능력을 확인하기 위해서 가치 있는 도전이 시작됐다는 것을 깨닫게 된다. 이처럼 현재 고심하고 있는 이슈와 문제의 출발점을 떠올리면서 자신의 긍정적 동기 혹은 성장 동기를 확인하는 순간, 피코치는 도전을 위한 새로운 에너지를 얻게 된다.

코칭 철학이 코치가 피코치에게 변화와 성장 가능성에 대한 믿음을 전달하고 잠재능력을 인정해 주는 것이라면, 성장 지향적 관점은 현재 이슈와 관련된 피코치의 건강하고 긍정적인 동기를 불러일으키는 것이다.

자녀가 중요한 시험을 앞두고 짜증을 내고 스트레스를 표현하거나, 실망스런 성적에 우울해한다. '지난번에는 성적이 기대한 만큼 나왔으니, 엄마는 네 실력을 믿어. 다음에 잘 할 수 있다는 거 알아.'라며 자녀의 잠재 능력에 대한 믿음을 전달할 것인가 혹은 이러한 믿음을 전제로 '다음 시험에는 어떻게 준비하려고 하는데?'라며 질문을 할 것인가? 바로 이런 접근이 코칭 철학에 기초한 것이라 할 수 있다. 이와 비교하면, 성장 지향 관점은 실망스런 성적에 우울해하는 반응의 기저에는 '준비를 더 잘해서 더 좋은 결과를 얻고 싶었는데'라는 긍정적인 방향으로의 욕구가 숨겨져 있다는 것을 알아주는 것이다. 예를 들면, '지난번보다 더 열심히 한 만큼 기대가 컸었구나' '더 좋은 성적을 받아서 자신감을 얻고 싶었구나' 등 긍정적인 방향으로의 성장 욕구를 떠올릴 수 있도록 도와주는 것이다.

성장 지향적 관점으로 코치가 수행해야 할 목표는 두 가지다. 첫째, 성

장 동기를 확인하고 이를 피코치와 공유하는 것이고 둘째는 성장 동기를
확고하게 장착시키는 데 필요한 관련 근거를 확보하는 것이다.

첫째, 성장 욕구를 확인하여 수용해 주고 피코치가 스스로 이를 자각
하게끔 도와주는 것이다. 더 나아가 기본적으로 성장을 지향하면서 개별
화된 욕구(예: 개인 특유의 혹은 개인적 가치에 부합하는 욕구)가 확인된다면,
이를 인정해 주는 것이다. 성장 욕구는 지금보다 더 나아지고자 혹은 긍
정적인 방향으로 더 나아가고자 하는 바람이다. 단순히 상황이 요구하는
것을 충족시키고자 하거나 혹은 주위 사람들이 기대하는 단순한 행동변
화를 하고자 하는 것과는 구분이 되어야 한다. 주어진 기대 사항이나 요
구가 아닌 더 많은 개인적인 만족감과 성취감을 느낄 수 있는 욕구에 초
점이 맞춰져야 한다. 이때 요구와 욕구를 구분하는 것이 필요하다. 요구
는 보다 구체적인 행동 기술 표현인 데 비해 욕구는 그런 행동이나 표현
밑에 숨겨진 근본적인 바람을 말한다. 예를 들어, '좋은 성적을 받고 싶다'
는 말은 언뜻 보기에는 욕구를 표현하는 듯하지만 실은 부모님의 기대와
요구에 맞추는 것에 가깝다. '노력한 만큼 성적이 올라서 자신감을 얻고
싶다.' 혹은 '좋은 성적으로 부모님의 인정을 받고 싶다'는 것이 욕구에 더
가깝다. 코치는 현재의 객관적인 상황이나 자신의 모습이 만족스럽지 않
은 피코치에게 누구나 갖고 있는 성장과 자아 실현의 욕구를 불러일으킬
수 있다. 그리고 그런 자연스럽고 당연한 욕구를 인정해 줄 수 있다.

한 팀장은 팀원들에게 최소한 상급자 보고 하루 전에 본인의 점검
을 받으러 오라고 지시하였다. 그런데 매번 팀원들이 보고 시점에 임
박해서 보고 자료를 들고 와서 그때마다 보고 회의 직전에 팀원들에

게 화를 내고는 후회를 한다. 팀장은 본인의 기대사항 혹은 요구를 표
현한 것일 뿐 욕구를 표현하지는 않았다. 보다 완벽한 보고 자료로 실
무자인 팀원이 인정을 받게 함으로써 리더의 역할을 제대로 수행하고
싶은 것이 바로 팀장의 욕구다.

피코치는 자신의 숨겨진 욕구, 더 나아가 긍정적인 방향으로의 성장
욕구를 코치가 알아주고 이를 받아 줄 때 더 당당하게 자신을 드러낼 수
있다. 그리고 지금 현재 불만족스러운 모습으로 인해 자신감이 떨어져
있는 상태에서 보다 한 단계 성장할 수 있는 변화 목표를 수립하고 자신
을 재정비하려는 동기가 생길 수 있다. 앞의 사례에서 팀장은 자신의 성
장 욕구를 확인함으로써 팀원이 전달 사항을 제대로 이행할 수 있도록
보다 구체적이고 명확한 표현을 할 수 있을 것이다.

둘째, 성장을 향한 동기를 더 명확하게 하는 데 도움이 되는 근거를 함
께 찾아보는 것이다. 대표적인 예로는 이전의 성공 경험이나 성취 경험
들을 떠올리게 하는 것이다. 상황이 어려웠음에도 불구하고 집중과 몰입
으로 에너지가 더 많이 생겨났던 일이나 활동들을 확인해 보는 것도 개
인의 성장 동기를 확인하는 데 도움이 된다.

한 팀장은 최근 팀의 성과 부진으로 스트레스를 많이 받고 있다. 리
더로서 자신의 능력에 대해서도 자신감이 많이 저하되어 있다. "리더
로서 가장 만족스러울 때는 언제입니까?" "다양한 리더의 역할 중 어
떤 역할을 할 때 에너지를 상대적으로 더 많이 느낍니까?"라는 질문에
팀장은 "지금보다 더 어려운 상황에서 팀원들과 한 마음으로 고충을

나누면서 힘든 고비를 넘긴 적이 있다. 팀의 성과를 좌우하는 팀원들의 능력을 믿고 동기 부여를 잘 할 수 있을 때 리더로서 만족감도 느끼고 에너지를 많이 느낄 수 있었다."라고 답한다. 팀장은 자신이 리더 개인의 성과로 인정받기보다 팀원의 역량을 개발하고 이를 통해 팀원이 성과를 낼 수 있도록 육성하고 지원하는 것에 남다른 에너지를 느끼는 것을 확인하고는 자신만의 성장 욕구를 확인할 수 있었다.

성장 지향적 관점의 핵심은 잊어 버렸던 혹은 희미해진 애초의 시발점, 즉 성장 동기의 불씨를 다시 피우는 것이다. 피코치는 현재 불만족스런 상태나 모습에서 잠시 벗어나 자신의 긍정적인 의도를 다시 떠올리고 방향을 새롭게 잡을 수 있는 계기가 된다. 또한 이렇게 성장하고자 하는 자신의 긍정적 관심사를 누군가 알아주고 인정해 준다는 것도 중요하다. 코치가 현재 눈에 보이는 피코치의 모습이 아니라 보다 나은 방향으로 변화하고자 하는 바람을 가진 존재로 자신을 바라본다는 생각이 들기 때문이다. 또한 무엇보다 피코치 자신의 긍정적 의도와 가치를 인정해 준다는 뜻이고 향후 지금보다 더 나은 모습을 기대하고 있다는 뜻이기 때문이다. 아직 변화하려는 모습이나 달성하고자 하는 목표와는 거리가 있고 기대하는 상태가 구체적이지는 않지만, 성장 지향적 관점은 변화와 성장을 위한 탄탄한 파트너십을 형성하는 데 필수적인 요소다. 그러나 성장 동기만 불러일으킨다고 변화가 일어나지는 않는다. 스스로 다시 도전할 만하다는 생각이 들게끔 성장 동기의 근거와 성장 자원을 확보하는 것이 중요할 것이다. 따라서 이전의 성공 경험, 관련된 강점들을 확인하고 과거 경험 속에서 성장을 향한 추구의 증거들을 찾아보는 것이 도움이 된다.

코칭에 활용하기

1. 성장 동기를 확인하고 수용하기

- 출발점으로 돌아가 바람과 욕구에 대해 생각해 보기
  - 어디서부터 시작된 것일까?
  - 무엇을 잘하거나 혹은 더 잘하고 싶은 것일까?
  - 무엇을 새롭게 시도하고 싶은 것일까?
  - 무엇(어떤 모습)을 기대한 것일까?

- 확인된 성장 동기를 피코치와 공유하기
  - _____ 를 하고 싶으셨군요.
  - _____ 로 변화를 원했던 거네요.
  - 처음 출발점은 _____ 였네요.
  - _____ 한 바람이 있네요.

2. 관련 근거 확보하기

- 성공 경험과 강점 발견하기
  - 최근 이와 관련해서 만족스러웠던 경험은 무엇입니까?
  - 이를 통해 확인한 자신의 능력/강점은 무엇입니까?
  - 지금까지 이와 관련된 가장 만족스러웠던 경험은 어떤 것입니까?

- 지속적으로 추구하는 방향/에너지 확인하기
  - 이 분야에서 계속 일을 할 수 있었던 것은 무엇 때문입니까?
  - 상황이 어려워도 쉽게 포기하지 않고 꾸준히 노력하는 것은 무엇입니까?

사례 적용

몇 년째 리더십 다면 평가에서 사람관리 점수가 회사 전체 임원의 평균을 한참 밑돌고 있습니다. 우선순위로 봐서 업무 관련 역량이 더 중요하다는 생각에 크게 신경을 쓰고 있지 않았는데, 반복되는 결과에 신경이 쓰이고 요즘들어 '휴먼 터치' '감성 리더'의 중요성이 부각되면서 예전처럼 편치가 않습니다. 사람이 갑자기 변할 수 있는 것도 아닌데…… 과연 가능한 겁니까?

1. 성장 동기를 확인하고 수용하기

코   치: 변화가 쉽지 않을 거라는 생각이 드시나 봅니다. 이번 기회에 무엇을 더 잘해 보고 싶습니까?
피코치: 이번 기회에 부족한 부분을 보완하여 좋은 리더십 평가를 받고 싶죠. 어떤 상황에서 어떤 역할이 주어지더라도 부족함이 없는 리더로 보여지고 싶습니다.
코   치: 서로 다른 상황과 기대에도 적합한 역할을 해 낼 수 있도록 다양한 리더십 스타일을 개발하고 싶으신 거네요.

2. 관련 근거 확보하기

〈예시 1〉
코   치: 기존에 성과 중심의 리더십 발휘과정에서 확인한 본인만의 능력/강점이 있습니까?
피코치: 일단 목표를 세우면 어떻게 해서라도 해 내는 집중력 같은 겁니다. 그리고 현 업무와 관련된 전문성입니다.

〈예시 2〉

코   치: 리더로서 상황이 힘들어도 쉽게 포기하지 않고 꾸준히 추구하는 것
　　　　은 무엇입니까?

피코치: 제게 주어진 업무와 역할을 어떻게 든 최선을 다해 해 내고자 하는
　　　　책임감 같은 것, 그리고 어떻게 든 해내야 겠다는……. 일종의 집중
　　　　력 같은 것이 강한 편입니다.

코   치: 리더로서 자신의 강점인 책임감과 집중력이 지금 기대하는 리더십
　　　　과 어떤 관련성이 있을까요?

피코치: 일단 필요하고 중요하다는 생각이 들면 꼭 해내고 마는 면이 있습니
　　　　다. 리더십 개발과 관련해서 처음에는 '지금까지도 잘해 왔는데……
　　　　몸에 잘 맞지도 않는 것에 이렇게까지 맞춰야 하나……'라는 생각
　　　　이 들었습니다. 그런데 어떤 상황이나 어떤 역할요구에도 기대하는
　　　　결과를 이루어 내는데 다양한 리더십 레퍼토리를 갖추는 것은 분명
　　　　도움이 될 것 같습니다.

05
이슈가 아닌 사람에게
초점을 맞추라

1. 전체론적 관점

코칭 장면에서 피코치가 꺼내놓는 이슈는 뭔가 변화가 필요하다는 것
을 보여 주는 중요한 신호다. 이슈는 주로 현재 당면한 해결과제일 수도
있고 때로는 새로운 목표하에 뭔가 변화를 꾀하려는 도전과제일 수도 있
다. 예를 들어, 중요한 의사 결정을 앞두고 도움이 필요한 경우, 신임 팀
장이 되어 좀 더 빨리 팀장 역할에 적응하기 위한 준비가 필요한 경우, 혹
은 자녀와의 잦은 갈등상황에 보다 효과적으로 대응하고 싶은 경우가 있
다. 그리고 현재 당면 과제는 없으나 더 나은 경력을 쌓거나 새로운 분야
에 도전을 하고 싶은 경우도 있다. 어떤 경우든 피코치가 자발적으로 꺼
내놓는 이슈는 코칭의 주요 내용과 주요 목표 설정으로 이어질 수 있기
때문에 코치의 주의가 집중될 수밖에 없다. 보편적으로 코칭은 주요 이
슈 탐색부터 시작되지만, 이슈에만 과도하게 초점을 두어서는 안 된다.
이슈 그 자체에 몰두하여 대화를 나누게 되면 상황 자체를 분석하고 문

제의 원인을 찾아 해결방법을 얻는 것에 집중할 가능성이 높기 때문이다. 뿐만 아니라 구체적으로 이슈에 대응하는 일반적이고 잘 알려진 해결 방법을 떠올릴 가능성이 있다.

원인 파악이 이슈 해결에 때로는 도움이 될 수 있지만 원인을 안다고 해서 항상 해결이 가능한 것은 아니다. 코칭은 해결중심의 접근을 취한다. 즉, 해결책을 찾는 것에 초점을 두는 것은 원인 제거를 통한 변화와는 다른 차원이다. 원인 파악이 어렵더라도 원하는 모습이 명확하다면 이를 얻기 위한 방법을 다양하게 찾을 수 있기 때문이다.

한 신임 팀장은 가능하면 빨리 새로운 역할과 업무에 적응하길 원한다. 하지만 주어진 일을 주로 해 오던 자신에게 팀원 육성이나 조직 관리는 부담스럽고 힘에 부치기만 하다. 코칭은 팀장의 주요 역할과 관리 기술의 습득을 목표로 이미 검증된 효과적인 방법들을 찾아 실행 계획을 수립하는 과정으로 진행될 수 있을 것이다. 아울러 기대만큼 잘 안 되는 이유가 무엇인지 리더로서 부족한 부분을 분석해 보는 것으로 코칭이 시작될 수도 있다. 이와 달리 "본인이 가장 중요하게 생각하는 팀장의 역할은 무엇인가?" "팀장으로서 자신이 잘 발휘할 수 있는 역량이 있다면 어떤 것인가?" "어떤 리더(팀장)가 되고 싶은가?" 라는 질문은 일반적인 OJT(직무기술훈련) 수준의 정해진 기술 습득 차원과는 다르다. 이는 팀장의 주어진 역할을 성공적으로 수행해 내기 위해 피코치만의 특별한 준비를 할 수 있도록 도와줄 수 있다.

새로운 도전을 앞둔 피코치에게 도전을 앞두고 가장 먼저 드는 생각은 무엇인지, 가장 기대되는 것은 무엇인지, 그리고 도전에 성공한다면 지금과 비교해서 무엇이 가장 크게 달라질 거라 생각하는지 등의 질문을 해 보자. 당면 과제를 해결하기 위해 무엇을 해야 할지 결정을 못하거나, 주위로부터 관련 정보들을 수집했지만 막막함과 부담감만 느꼈던 피코치로 하여금 주의를 외부가 아닌 자신의 내부로 돌릴 수 있도록 해 줄 것이다.

해결하고 싶은 이슈와 기대하는 모습은 구체적이고 명확하지만, 피코치 스스로 상황을 통제할 수 없다는 생각이 들고 막연함이 느껴지는 경우에는 이슈 그 자체에 대한 탐색은 제자리걸음의 코칭으로 이끌 수 있다.

조직에서 B to B 영업을 맡고 있는 팀장은 핵심 기업 고객이 워낙 변덕이 심하고 요청 사항이 까다로워서 본인은 물론 팀원들도 스트레스를 심하게 받고 있다. 좀 더 장기적인 영업 전략을 수립하고 안정적 기획 하에 업무를 수행함으로써 팀원들의 업무 만족도와 역량 수준을 높이고 싶은 것이 기대하는 바다. 그러나 기대와는 거리가 먼 현실에 대해 원인 분석도 해 보고 고객의 특성 파악과 전략적 소통 방법에 대해서도 고민을 해 보았다. 그러나 상황 분석이 이루어진 후에도 대책 수립에 있어서는 '해답 없음'으로 결론이 나 버린다. 이런 상황에서 팀장은 점점 무기력해지고 스트레스 수준은 더 높아졌다. 상황을 분석하면서 기대하는 바를 얻기 위해 다양한 방법을 찾는 쪽으로 초점을 맞춰 보자. 상황을 통제하는 것이 목적인가? 아니면 팀장과 팀원들의 업무 만족도를 높이는 것이 목적인가? 후자가 기대하는 바라면, 이런 주도적 업무 추진이 제한된 특수한 상황 하에서 필요한 기존과 다른 대응 방식은 무엇인지, 팀원들의 사기를 높이고 팀의 조직력을 증진시킬 수 있는 방법은 무엇인지 그리고 이를 위해 팀장의 새로운 역할과 시도로 무엇이 가능한지에 대한 탐색으로 초점이 바뀔 수 있다.

따라서 코칭은 이슈 혹은 상황 변화가 아니라 이슈와 관련하여 피코치가 진정으로 원하는 바를 얻기 위한 피코치 자신의 변화에 초점이 맞춰져야 한다. 코치는 이슈에 대해 고민하고 이슈와 관련하여 다양한 생각과 경험을 하고 있는 사람에게 초점을 맞추어야 한다. 피코치가 자신의 이슈와 상황에 대해 어떤 생각을 갖고 있는지, 어떤 감정을 경험하고 있는지 그리고 남들과 달리 자신은 어떻게 대응하고 있는지를 스스로 살펴보게끔 도와주는 것이 중요하다. 이 과정은 코치에게는 피코치 개인의 독특한 성향과 사고 및 행동방식을 이해하는 데 도움이 되며, 피코치에게는 이슈를 통해 자신을 객관적으로 성찰해 볼 수 있는 기회를 제공해 준다.

코칭에서는 이슈 자체에 대한 피코치의 생각과 행동 변화는 물론, 때로는 이슈와 직접 연관되지는 않지만 의미 있는 자기 성찰과 인식의 전환이 일어나는 경우가 많다. 이슈는 이처럼 의미 있는 자기 인식을 촉진하는 중요한 촉매 역할을 한다.

한 팀장은 팀원의 업무 관리를 하느라 늘 과도한 업무에 시달린다. 도움을 받고자 시작된 코칭에서는 자연스럽게 효율적인 업무관리가 주요 이슈로 떠올랐다. 현재 어떻게 업무 관리를 하고 있는지, 변화가 필요한 부분은 어떤 것인지 등에 관한 대화가 이어졌다. 이 팀장은 업무 관리의 양 측면에서도 변화가 필요하지만, 더 견디기 힘든 것은 꼼꼼하게 점검해 주고 피드백을 해 줘도 업무를 제대로 하지 못하는 팀원 때문에 한 번씩 심하게 화를 내는 것이라고 말한다. 한 번씩 버럭 화를 내고 나면 팀원은 더 주눅이 들고 보고서는 더 지연되어 점검시점을 넘기는 바람에 더 화가 나고 업무 집중도도 떨어진다는 것이다. 효율적인 업무 관리 방식을 찾는 것에서 잠시 벗어나서 업무 점검 및 관리에서 개인적으로 중요하게 여기는 것이 무엇인지 그리고 주로 어떤 경우에 화가 나는지에 대해 탐색이 진행되었다. 그 결과, 철저하고 완벽함을 가장 중요하게 여기며, 본인의 기준에 부합되지 않는다고 생각되거나 혹은 자신의 피드백이 팀원의 업무에 완벽하게 반영되지 않았다고 생각될 때 주로 화가 난다는 것을 알게 되었다. 이로써 팀장은 본인의 성향과 함께 이러한 성향 요인들이 팀원과의 업무 상호작용에 미치는 영향을 인식하게 되었다. 이에 따라 코칭 목표도 일반적인 업무 관리 방식의 변화가 아닌 본인의 성향과 행동 방식에 대한 이해를 토대로 새롭게 수정되었다. 그 결과, 팀장은 신중하고 철저한 성향의 강점과 약점을 구분하여 이해하고 업무 특성 별로 역할을 세분화하여 각 상황에 적합한 업무 관리 전략을 수립할 수 있었다.

코칭은 특정 이슈에 대한 틀에 짜인 행동 변화 메뉴를 건네고 이를 실행에 옮기도록 돕는 것이 아니다. 이슈는 동일하지만 이를 바라보는 피코치의 관점과 이슈와 관련된 피코치의 욕구와 가치는 다양하다. 구체적인 행동 변화는 코칭의 중요한 결과물이다. 하지만 피코치마다 다양한 개별 특성을 고려하지 않은 변화 계획은 실행 가능성이 낮을 뿐만 아니라 실행을 한다고 하더라도 이에 대한 피코치의 만족도가 낮을 가능성이 높다.

피코치 개인의 독특한 관점을 이해하고 존중한다는 것이 한 개인의 모든 특성에 대한 동의와 지지를 의미하지는 않는다. 개인에게 도움이 되는 변화를 이끌기 위해서는 일반적인 목표나 해결 방법이 아닌 '나에게 필요하고 중요한 변화 방향은 무엇이며, 나에게 맞는 변화 방법은 어떤 것인지를' 찾는 것이 중요하다. 코칭은 이 과정을 효과적으로 도울 수 있어야 한다. 따라서 코치는 피코치의 개인적 특성을 존중하고 피코치 자신도 독특한 존재로서 자기 이해와 수용이 필요하다. 본격적인 변화를 시도하기 전에 자신에 대한 다차원적인 탐색 과정은 객관적인 자기 성찰은 물론 이슈와 관련된 혹은 변화에 필요한 중요 잠재능력과 개인적 자원들을 발견할 수 있도록 도와준다.

코칭은 단순한 수행 목표를 달성하는 것을 넘어서서 목표달성 과정에서 경험하는 새로운 성찰과 학습이 핵심이다. 특히 이러한 성찰과 새로운 학습이 이루어지는 과정에는 항상 어떤 이슈든, 어떤 실행 방법이든 간에 자신을 그 속에 비춰 보고 혹은 다른 사람들의 관점과 자신의 관점을 비교해 보면서 자신만의 독특한 성향과 관점을 확인할 수 있는 기회가 있다. 동일한 리더십 이슈를 갖고 있다고 하더라도 각자 개인에게 적합한 행동 목표는 다를 수 있으며, 이를 달성하기 위한 방법도 다를 수밖에 없다. 코치가 피코치의 독특성을 인정하고 피코치의 다양한 내적인 요소를 역동석으로 이해하면 할수록 코치는 피코치를 하나의 통합된 유기체로 볼 수 있게 된다.

코칭이 목표에 과도하게 초점을 두고 눈으로 확인할 수 있는 행동 변화에만 관심을 기울인다면, 어떤 피코치에게나 적용 가능한 패턴화된 스킬 습득 혹은 일반적이고 객관적인 해결 방안에만 주의를 기울이게 된다.

비즈니스 코칭 장면에서 때로는 주어진 특정 리더십 역량 개발에 과도하게 집중하는 경우가 있다. 팀장시절의 업무 스타일을 그대로 유지하며 혼자서 일 처리하느라 시간관리가 안 되는 임원에게 효과적인 업무 위임을 목표로 코칭이 진행되었다. 코치는 업무 위임의 필요성을 인식하도록 돕고 효과적인 위임 방법에 관한 정보를 수집하도록 독려하거나 공유함으로써 이를 토대로 자발적으로 실행 계획 수립을 하도록 돕고 실행을 격려해 주었다. 그 결과, 기대 이상으로 단기간에 위임에 필요한 행동 변화가 이루어졌고 목표한 바가 성취되었다. 그러나 업무 위임을 위한 방법과 실행에 주로 초점을 맞추느라 업무 위임에 대한 임원 개인의 생각과 기대, 업무 위임이 목표한 대로 이루어졌을 때 예상되는 개인적 만족감 등에 대해서는 살펴볼 기회가 상대적으로 부족했다. 결국, 기대하는 코칭 목표는 달성되었지만 늘 주어진 업무를 성실하게 수행해 왔던 피코치에게 코칭의 성과는 단지 '또 하나의 업무 성과'로만 남게 되었다.

예를 들어, 업무를 위임하려고 할 때 가장 중요하게 생각하는 것은 무엇인가? 업무 위임을 통해 개인적으로 기대하는 것이 무엇인가? 업무 위임을 할 경우 가장 염려되는 것은 무엇인가? 위임한 업무가 제대로 진행되지 않을 때 어떤 생각이 드는가? 등의 질문은 정확히 말하면 이슈 자체 혹은 객관적인 상황에 대한 정보 수집보다는 이슈를 통해 스스로 자신의 다양한 사고 방식과 행동 양식을 성찰해 볼 수 있도록 이끈다.

효과적인 업무 위임이라는 동일한 이슈를 가진 또 다른 임원의 예를 살펴보자. 이 임원은 주어진 일은 어떤 상황에서도 해내야 한다는 생각으로 지금까지 어려운 여건에서도 만족스런 성취를 이루어 왔다고 말한다. 업무 위임이 절실히 필요한 상황에서 업무 위임에 필요한 사전 준비와 방법에만 초점을 맞춘다고 가정하자. 이처럼 임원의 높은 눈높이와 완벽주의적 평가 기준에 대한 성찰이 부족한 변화시도는 임원으로 하여금 생애 최초의 좌절감을 맛보게 만들 수도 있다. 구체적으로 구성원들의 다양한 역량과 동기 수준, 그리고 다른 눈높이에 본인이 평소에 어떻게 대응하고 있는지, 본인의 높은 눈높이가 구성원들에게 어떤 영향을 미치고 있는지 그리고 완벽주의적 평가 기준이 업무 소통과 피드백 과정에서 어떻게 전달되는지에 대한 성찰이 필요하다. 개인의 독특한 가치 기준이나 관점이 현재 당면한 이슈를 이해하고 관련된 변화를 이끄는 데 어떤 영향을 미칠 수 있는지에 대한 성찰이 이런 이유에서 중요하다.

코칭에 대한 정의를 단지 행동이나 성과 지향적인 목표에 초점을 두고 좁게 개념화하면 코칭의 전체적인 그림을 그리는 것이 어렵다.[1] 전체론적 관점의 핵심은 코치가 피코치를 하나의 통합된 유기체로 바라보는 것이다. 또한 피코치가 자신의 이슈 해결에만 집중하기 보다 이슈를 통해 여러 관점에서 자신을 바라보고 이를 통해 얻은 정보들을 통합해 나갈 수 있도록 돕는 것이다. 더 나아가 자신을 둘러싼 상황과 사람들을 새롭

게 바라보고 자신의 변화 시도가 더 큰 파장을 불러일으킬 수 있도록 변
화의 장을 넓히는 과정이기도 하다.

2. 독특성과 통합성

1) 통합된 유기체로서 개인

통합된 유기체란, 한 개인의 사고, 감정 그리고 행동은 서로 연결되어
있어 개인의 가치 기준과 객관적 사실에 대한 지각 및 경험은 서로 독립
적이지 않다는 의미를 담고 있다. 개인주의 심리학자로 잘 알려진 알프
레드 아들러(Alfred Adler)는 개인은 분리될 수 없는 존재임을 강조하였다.
코칭에서는 행동 변화가 중요한 목표이지만, 개인의 행동은 눈에 보이지
않는 다양한 요소의 결과물이다. 따라서 코칭에서 개인을 온전한 유기체
로서 총체적인 면을 다루지 못하는 경우에는 코칭 성과가 부족하거나 성
과를 얻더라도 단지 일시적인 결과에 머무를 수 있다.[2]

물론 단기간의 코칭 과정에서 한 개인의 긴 역사적 경험들을 모두 꿰
뚫을 수 있는 일관성을 확보하기는 어려울 것이다. 하지만, 최소한 중요
한 코칭 이슈와 관련해서 피코치 개인의 다양한 요소가 조명될 수 있도
록 체계적인 탐색을 돕고 자기성찰 과정에 몰입할 수 있도록 돕는 것이
필요하다. 앞의 예시에서 소개된 일련의 질문들(예를 들어, 업무를 위임하
려고 할 때 가장 중요하게 생각하는 것은 무엇인가? 업무 위임을 통해 개인적으
로 기대하는 것이 무엇인가? 등)은 이슈 자체 혹은 객관적인 상황에 대한 정

보 수집보다는 이슈를 통해 스스로 자신의 다양한 사고방식과 행동 양식을 성찰해 볼 수 있도록 이끌어 준다.

　인본주의 철학이 코칭에 접목될 수 있는 부분은 앞서 소개한 성장 동기에 대한 것뿐만 아니라 개인의 독특성에 대한 강조다. 인간에 대한 전체론적인 관점은 인본주의를 대표할 만한 중요한 관점이다.[3] 전체론적 관점은, 첫째로 자기(self: 사고와 감정 그리고 행동을 조직화하는 시스템)에 대한 이해를 중요시하고, 둘째는 객관적 사실이나 경험보다 개인의 독특한 주관적 지각과 경험을 중요시한다. 객관적 상황과 사실보다 개인의 주관적 경험을 중요시하는 현상학점 관점도 바로 인본주의 철학에 그 뿌리를 두고 있다. 마지막으로 한 개인의 삶 속에서 다양한 요소가 서로 긴밀하게 연결되어 있다는 점을 강조한다. 개개인은 각각의 개별적인 속성인 역량, 성향, 기대, 정서, 동기가 아닌 이들 간의 특별한 조합으로 완성된 총체적인 모습, 즉 자기(self)로 이해되어야 한다. 이는 사람들이 자신을 이해하고 혹은 타인을 이해할 때는 이러한 개인 내 다양한 요소 간의 상호 연결관계를 고려해야 한다는 뜻이다.

전체론적 관점의 기본 가정
1. 독특한 존재로서 자기(self)에 대한 이해가 필요하다.
2. 객관적 사실보다 개인의 독특한 주관적 지각과 경험이 중요하다.
3. 개인의 정서, 동기 및 행동은 서로 긴밀하게 연결되어 있다.

　본인과 달리 다른 사람들이 보기에 자기 주장이 너무 강해서 주위 사람들과 갈등이 잦고 업무협력이 필요한 사람들과의 관계가 점점 나빠지고 있다고 생각되는 두 명의 리더가 있다. 첫 번째 리더는 매사에 신중하고 철저한 성격으로 업무에 있어서는 한 치의 빈틈도 허용하지 않고 근거가 미약한 상대방의 주장에 강한 반응을 보인다. 하지만, 평소의 모습을 보면, 자신의 의견이나 감정 표현에 매우 소극적이고 나서기를 꺼려하는 성향이 있다. 두 번째 리더는 매우 외향적이고 적극적으로 의사 표현을 한다. 주위 사람들의 일에 적극적으로 나서서 문제해결을 하려고 하고 주변 상황이 어떻게 돌아가는지에 대해 매우 예민한 안테나를 작동시키는 사람이다. 외견상 드러나는 강한 자기주장 행동 하나만으로는 두 리더가 크게 달라 보이지 않을 것이다. 하지만, 조금만 속을 더 들여다보면 두 리더의 모습은 확연한 차이를 보인다.

피코치를 전체론적 관점으로 바라본다는 것은 특정 상황에서 눈으로 확인 가능한 행동뿐만 아니라 이 행동을 이끌어 내는 데 기여한 숨은 요소들, 즉 개인의 성향, 사고방식, 감정표현 방식, 동기 특성 등을 총체적으로 이해한다는 것이다. 앞의 예시에서 첫 번째 리더는 조직의 기준과 원칙 준수 그리고 완벽한 의사결정을 중요시 여긴다. 상대방이 기준에 맞지 않고 근거가 부족한 주장을 할 경우, 잘못된 의사결정으로 이어질까 봐 남들보다 더 촉각을 곤두세우게 된다. 이에 따라 특히 업무 상황에서는 자신의 평소 행동 스타일과는 확연히 달라 보이는 강한 모습이 드러날 수 있다. 특히, 이처럼 자신의 원래 성향과 다른 행동을 할 때는 의식적인 에너지가 많이 들어가게 되고 타인의 눈에도 평소와 다른 이런 행동은 더 도드라져 보여 더 강한 행동 특성으로 비칠 수 있다. 첫 번째 리더를 좀 더 깊이 있게 이해하기 위해서는 업무 외 상황에서의 행동 정보 수집도 필요하다. 또한 업무 상황에서 그렇게 행동한 다음에 어떤 감정을 경험하는지, 에너지 수준에는 어떤 변화가 있는지를 확인해 보는 것도 필요하다. 아마도 의식적인 에너지를 많이 쓰게 될 것이므로 쉽게 소진되거나 스트레스를 많이 받을 수도 있을 것이다. 이에 비해 두 번째 리더의 경우에는 매우 주도적인 성향이 강해 상대방을 리딩 하려는 욕구가 강하다. 두 번째 리더는 자신보다 더 강하게 리드하고자 하는 상대방에게는 더 강한 어조로 그리고 더 완벽한 논리로 반박을 하느라 강한 모습을 드러낸다. 첫 번째 리더와 달리, 두 번째 리더는 업무 상황과 업무 외 상황에서 거의 유사한 모습을 보이고, 그의 강한 자기 표현은 상대적으로 좀 더 자연스러워 보일 수 있다.

중요한 점은 객관적인 상황과 모습은 유사하지만 두 리더가 경험하는 주관적인 경험에는 차이가 있다는 것이다. 현상학적 접근에서 말하는 주관적 체험은 상황에 대한 객관적 체험과 대비되는 말이다.[4] 현상학적 접근(phenomenological approach)이란 경험에 있어서 개인의 주관적 체험과 의미를 중요시하는 것으로서, 개인의 현상학적 장(phenomenological field)은 개인의 독특한 자기 참조 틀을 나타내 주는 것이며, 개인의 다양한 특성 간의 조합에서 나오는 것이다.

주위 사람들과 갈등을 줄이기 위해 보다 유연하고 원활한 소통 방식을 익히는 것을 목표로 한다면, 이는 이슈 자체에 초점을 두고 이와 관련된 새로운 기술을 습득하는 것에 초점을 두는 것이다. 반면, 이슈를 통해 개인의 독특성을 확인하고 개인 내 다양한 특성 간의 역동성을 고려한다면 전형적인 틀에서 벗어나서 개별화된 목표 수립이 가능해질 것이다. 예를 들어, 첫 번째 리더의 경우, 자신이 염려하는 바를 논리적으로 전달하고 문제 해결에 상대방도 적극 참여하도록 분위기를 만들기, 두 번째 리더의 경우는 상대방의 의견에 귀 기울이고 공동의 목표를 도출하기와 같은 목표와 실행계획 수립이 가능할 것이다. 새로운 기술이나 소프트웨어를 다양하게 장착하는 것보다 더 중요한 것은 이들이 작동할 운영체계를 이해하고 점검하는 하는 것이다.

2) 독특한 존재로서 자기

심리학의 여러 하위 분야 중 성격심리학은 개인차에 대한 과학적 연구를 하는 학문분야다. 왜 동일한 상황에서 두 사람은 다르게 행동하는가? 여러 다양한 상황에서 한 개인은 얼마나 비슷한 행동을 하는가? 즉, 개인 간 차이와 개인 내 일관성은 성격심리학자들의 중요한 관심사다. 성격심리학자들에 의하면 성격이란 개인의 특징적인 사고, 감정 그리고 행동 패턴이다. 타고난 기질(temperament)과 후천적인 학습의 결과인 인성(character)의 조합이 바로 성격(personality)이다. 성격의 기본 요소는 독특성, 안정성, 일관성이다. 즉, 다른 사람들에 비해 도드라진 특성, 시간이 흘러도 쉽게 변화되지 않는 특성 그리고 상황이 달라져도 일관되게 보이는 특성이 바로 한 개인의 성격이다. 많은 시간과 노력을 요구하는 성격 검사를 실시하지 않더라도 혹은 심리학자가 아닌 일반인들도 주위의 가까운 사람들의 성격을 어느 정도 추정할 수 있는 것은 바로 성격의 세 가지 기본 요소와 유사한 기준으로 정보를 수집하기 때문이다. 상대방의 다양한 행동 중 다른 사람들과 구별 지어 주는 독특한 행동, 시간에 따라 안정적으로 보이는 행동 그리고 상황에 따라 쉽게 달라지지 않는 행동들을 토대로 사람들은 성격을 추측할 수 있다.

많은 심리학자는 자기(self)를 성격의 핵심으로 간주한다. 이는 자기가 사고와 감정 그리고 행위의 조직자로서 성격의 중추적인 기능을 한다는 가정에서다. 나와 자기는 다른 개념이다. 나(I)는 자신과 타인을 구분하는 존재 의미로서 개념이다. 자기(self)는 자신에 대한 기대, 기준, 평가 등 다양한 개인적 가치와 의미가 덧붙여진 것이다. 자기는 다양한 상황에서 개인의 지각과 판단 그리고 행동에 결정적인 영향을 주게 된다. 사람들은 오랫동안 자신에 대한 다양한 경험을 모아서 자기 개념(self-concept)을 만든다. 자신을 다른 사람들과 비교해 보기도 하고 자신만의 기준으로 자신의 능력이나 성격을 평가해 봄으로써 자기 개념이 점차 명확해진다. 더 명확해진 그림은 개인의 생각과 행동에 더 큰 영향을 미치게 된다. 또한 개인의 자기 개념은 안정적인 면이 있어 자기 개념과 다소 불일치되는 경험을 하더라도 쉽게 변화되지 않는 면이 있다.

사람들은 주변 상황이나 특히 자신이 개입된 상황에서 경험을 해석할 때는 자기(self)라는 렌즈를 통해서 바라본다. 동일한 경험을 함께 한 사람들이라도 이에 대한 서로의 기억은 동일하지 않을 수 있다. 심리학자 대니얼 카너먼(Daniel Kahneman)은 흥미로운 실험을 통해 사람들의 실제 경험과 다른 기억의 왜곡 현상을 경험 자아와 기억 자아라는 개념으로 구분하여 설명하였다.[5] 기억 자아는 자신의 경험에 대해 새롭게 재구성한 결과라 할 수 있다. 특성 경험을 하는 순간, 이후 기억에 결정적인 영향을 주는 요인이 무엇인가에 따라 경험에 대한 주관적인 기억은 변형된다. 이처럼 누구나 보편적으로 범할 수 있는 기억의 오류 이외에도 개인의 관점과 욕구에 따라서도 실제 경험은 변형될 수 있다.

코칭에서 중요한 것은 개인의 지각과 기억을 모두 제자리로 돌려놓는 것이 아니다. 자신만의 독특한 관점에 영향을 주는 요소들을 생각해 보는 것은 자신에 대한 이해의 폭을 넓혀 준다. 더 나아가 코칭에서 다루고 자 했던 주요 이슈에 대한 관점도 변화될 수 있어 때로는 코칭의 변화 방향이 달라지기도 한다. 앞서 든 예에서, 원칙과 기준을 중요시 하는 자신의 성향이 상대방의 제안을 더 엄격한 잣대로 평가하게 만들고 자신의 신중한 성향이 작은 문젯거리에도 꼭 지적을 하게 만든다는 것을 알게 된다. 이렇게 자기 이해가 증가되고 상황과 자신의 행동에 대한 새로운 조망이 생긴 후에는 '감정 조절'과 '논쟁 줄이기'라는 최초의 목표가 '상대방을 평가하는 표현을 논리적 의사 표현으로 바꾸기'로 수정될 수 있다.

코칭에서 피코치의 성격은 이슈를 바라보는 틀과 목표 설정 방식 그리고 행동 수행 방법에 이르기까지 전반적인 영향을 준다. 뿐만 아니라 코치와의 관계 구축에도 중요한 영향을 준다. 코칭에서 사전에 실시되는 성격 진단 결과는 피코치의 자기 이해에 필요한 객관적인 근거 자료가 된다. 또한 코치에게는 피코치와의 코칭관계 형성을 위한 전략을 수립하고 코칭 과정에서 피코치가 자신의 성향과 행동 방식을 고려하여 목표 수립과 실행 계획을 수립할 수 있도록 돕는 데 중요한 정보가 된다.

3) 자기 지각과 타인 지각

사람들의 행동은 자기 혹은 성격이라는 안정적인 특성뿐만 아니라 외부 상황 요인이나 타인에 의해서도 중요한 영향을 받는다. 이를 다루는 심리학 분야가 바로 사회심리학이다. 사회심리학의 주요 관심사 중의 하나가 바로 자기 지각과 타인 지각 과정이다. 즉, 사람들은 자신과 타인을 바라볼 때 중요하게 고려하는 기준이 다르다. 예를 들어, 일반적으로 사람들은 타인의 행동 원인을 개인의 성향으로 돌리는 오류를 범한다. 이는 대인지각 과정에서의 기본적 귀인오류라 불리는 것으로서 행동의 원인을 행위자의 성격이나 개인 내적 특성 탓으로 돌리고 상황 요인을 간과하는 경향을 말한다.[6] 또한 개인이 행위자인가 혹은 관찰자인가에 따라 특정한 방향으로 오류를 범할 가능성이 있다.[7] 행동을 한 행위자는 자신의 행동의 원인을 상황 요인으로 돌리는 경향이 있는 반면, 이를 관찰한 사람은 행동의 원인을 개인의 성향으로 돌린다.

> 한 팀원은 팀장의 불명확한 업무 지시와 예고 없이 중간 점검을 하는 것에 대해 불만이 많다. 팀원은 팀장의 이런 행동을 자기 중심적이고 상대방에 대한 배려가 부족한 개인적 성향 때문이라 생각한다. 하지만, 팀장의 얘기는 다르다. 바쁜 업무상황에서 보다 효율적으로 업무를 수행하려면 신속한 지시와 상황에 대한 유연한 대응이 더 중요하다고 말한다. 뿐만 아니라 팀원이 미리 챙겨서 일을 잘 해 오면 그런 상황이 생길 일이 없다고 한다. 팀장 자신의 행동은 개인의 성향이 아니라 상황, 즉 팀원의 역량 문제라는 것이다. 리더십 개발 코칭 장면에서 자주 접하는 상황이다. 구성원들의 불만사항에 대해 리더는 할 말이 많다.

자기 지각과 타인 지각에 있어서 정보처리 및 귀인 오류는 코칭 장면에서도 많이 나타나는 현상이다. 대표적으로, 자신을 좀 더 긍정적으로 보이고자 하고 좋은 평가를 받고자 하는 욕구에서 출발하는 자기 고양 편파(self-enhancing bias) 혹은 자기 본위 편파(self-serving bias)가 작용한다. 이 때문에 많은 리더는 자신의 리더십 다면 진단 결과상의 낮은 점수에 대해 그다지 높은 수용도를 보이지 않는다. 또한 많은 리더가 리더십 다면 평가 결과를 받아 보고 가장 충격을 받는 경우는 타인의 낮은 평가 점수뿐만 아니라 자신과 타인의 평가 간 격차가 클 때다. 과연 다른 사람들이 제대로 자신을 평가한 것일까? 혹은 자신을 제대로 파악하고 있는 것일까? 누가 옳은 것인가? 핵심은 자신의 평가 기준과 관점이 타인의 것과 다르다는 것이다. 어느 쪽이 더 옳은지를 정확하게 판단하는 것보다 차이가 존재한다는 인식이 더 많은 중요한 정보를 준다. 자신의 행동을 다른 관점으로 혹은 상대방의 기대와 욕구에 비추어 바라본다면 자신의 의도가 기대와 다르게 전달될 수 있다는 자각이 일어나고 이는 새로운 통찰로 이어 지게 된다.

심리학 기반의 코칭은 자기 지각과 타인 지각상 오류의 틀들을 머릿속에 떠올리며, 피코치가 보다 객관적으로 자신을 돌아보고 타인을 이해할 수 있도록 도움을 줄 수 있다. 심리학 지식을 활용하여 코칭을 한다는 것은 구체적인 지식이나 정보를 피코치에게 직접 제공한다는 의미라기보다 기대하는 효과를 얻기 위해 관련된 심리학 개념과 지식을 활용한다는 것이다. 다시 말해서, 피코치의 보다 객관적인 자기 인식을 위해 심리학적 근거를 토대로 오류의 가능성을 인지하고 다양한 관점을 취할 수 있도록 지원해 줄 수 있다.

자신에 대한 정확한 지각은 개인적 차원을 넘어서 개인이 처한 관계와 상황으로까지 그 범위가 확대되어야 한다. 자신의 모습이 타인에게 어떤 영향을 미치는지, 다른 사람들 눈에는 자신이 어떻게 비춰지고 있는지에 대한 성찰이다. 특히 리더십 개발과 같이 상호작용하는 대상이 리더 개인의 변화에 중요한 역할을 하는 경우에는 더욱 그렇다. 경험과 연륜이 많은 리더의 높은 눈높이로 구성원을 바라보고 평가하는 경우에 어떤 상황이 벌어질 수 있는지, 리더의 성향과 특성, 예를 들어 강한 책임감과 완벽주의, 특정한 업무 스타일, 특정 가치와 기준이 구성원에 대한 지각에 어떤 영향을 주고 있는지에 대한 이해가 필요하다. 코칭에서 기존의 관점에서 벗어나 다양한 조망을 갖고 자신과 자신을 둘러싼 사람들을 바라볼 수 있게끔 독려하는 이유도 바로 여기에 있다.

기업 코칭은 조직의 리더들을 대상으로 주로 리더십 개발을 목표로 진행된다. 본격적인 개인별 변화 목표를 수립하기 전에 조직에서 정기적으로 실시되는 리더십 다면 평가 결과를 리뷰하는 상황을 예로 들어 보자. 일반적으로 대상자인 피코치에 대한 상사 및 부하들의 피드백 자료들을 활용하여 객관적 자기 인식을 돕는 과정이 진행된다. 이 과정에서 코치는 사람들이 자신과 타인을 지각할 때 각각 다른 기준을 가질 수 있음을 설명하고, 자기 지각과 타인 지각 과정에서 작용하는 심리 요인들에 대한 정보를 공유할 수 있다. 피코치는 자신의 평가 점수와 타인의 평가 점수 간의 격차를 이해하고 이를 자기 인식 과정에 활용할 수 있을 것이다. 또한, 피코치는 자신이 아닌 평가자의 관점으로 예상치 못한 피드백들을 다시 점검해 볼 수 있고, 때로는 평가자들 간 상충되는 피드백들에 대한 원인도 부분적으로 이해하게 된다. 그러므로 피코치의 관점 전환은 리더 자신을 둘러싼 주위 사람들의 기대사항이나 주요 관심사를 확인할 수 있는 좋은 기회가 된다.

코칭 과정에서 피코치의 자기(self)에 대한 이해를 돕는다는 것은 자신을 다양한 관점으로 바라볼 수 있게 도와줌으로써 주요 코칭 이슈와 관련된 상황과 타인에 대해 왜곡되지 않은 그림을 그릴 수 있도록 돕는 것이다. 자신과 타인에 대한 왜곡된 지각을 수정하지 않은 상태에서 변화 방향이 수립된다면, 자기 이해와 객관적인 현실을 외면한 채 허상의 목표를 향해 노력을 기울이는 오류를 범할 가능성이 있다.

3. 이슈 탐색 vs 자기 인식의 촉진

사람에게 초점을 두는 접근은, 첫째로 한 개인의 독특한 존재 가치를 존중한다는 것에서 출발한다. 이슈와 상황에 대한 일반적인 시각에서 벗어나 피코치가 바라보고 지각하는 주관적 세계를 확인하는 것이다. 더나아가 이를 통해 피코치만의 관점 및 가치와 같은 개별적이고 독특한 특성들을 부각시키는 것이다.

성과가 부진한 팀원들 관리로 스트레스를 받고 있는 두 팀장이 있다. 둘 다 효과적인 저성과자 관리라는 동일한 이슈를 갖고 있으나, 이를 바라보는 관점과 경험하는 감정은 각기 다르다. A팀장은 적시에 강한 피드백을 하지 못한 것은 자신의 내성적이고 온화한 성격 때문이라고 생각했고 변화를 위해서는 자신의 성격을 바꿔야 할 것 같아서 마음이 무겁다고 말한다. 반면, B팀장은 여러 번 경고 수준의 피드백을 전달했음에도 불구하고 업무 동기에 변화가 없는 팀원들에 대해 화가 많이 났고 최종적으로 어떤 조치가 가능한지에 대해 고민 중이라고 말한다.

상황을 바라보는 서로 다른 관점과 감정들을 통해서 우리는 피코치가 남들과 달리 개인적으로 중요하게 여기는 것이 무엇인지를 이해할 수 있다. 또한 피코치의 주관적인 관점을 다른 사람들의 관점과 비교해 보게 하는 것은 피코치의 객관적 자기 인식을 높이는 데 도움을 줄 수 있다.

둘째, 피코치 자신에 대한 깊이 있는 이해와 성찰은 변화의 시발점이자 주요 변화의 방향을 정하는 데 큰 영향을 미친다. 자기 인식을 토대로 진정으로 원하는 방향으로 목표가 설정될 때 변화에 대한 몰입도가 더 높다. 이때는 코칭 성과뿐만 아니라 결과에 대한 의미 부여도 달라진다.

평소 팀원들과 거리감 없이 스스럼없는 대화를 하고 있다고 여겼던 한 팀장은 예상치 못한 팀원들의 피드백에 충격을 받았다. 그런데 성격유형검사(MBTI) 결과를 통해 본인의 행동 특성과 성향을 확인하고 난 뒤, 이런 지각 차이가 어디에서 오는지를 조금은 이해할 수 있게 되었다. 자신의 성향에 대한 이해를 토대로 의외였던 피드백 결과를 조금씩 받아들이기 시작했고 스스로 의식하지 못했던 행동과 가능한 부작용들에 대해서도 성찰이 이루어졌다. 그는 솔직한 성격으로 팀원들의 개선점에 대해 적극적으로 피드백을 하는 자신의 모습이 나름 장점이라 생각해 왔다. 그런데 빠른 판단과 솔직한 의사 표현이 때로는 일방통행의 소통을 하게 하고 상대방의 불편함에 둔감하게 만들 수 있음을 알게 되었다. 그는 평소 자신의 모습과 팀원의 모습을 다시 떠올려 보기 시작했다. 팀원들에게 아무리 편하게 말하라고 해도 왜 그렇게 긴장을 많이 하는지, "의사 표현의 기회를 늘리고 양방향 소통을 더 많이 해 달라"라는 피드백이 왜 여전히 나오는지, 그 이유가 조금씩 이해되었다. 친밀한 소통을 하고자 하는 자신의 의도와 달리 실제 팀원들에게 비춰진 자신의 모습은 다를 수 있다는 것을 알게 되었다. 특히, 중요하고 긴급한 상황에서 논의를 일방적으로 주도하고 본인의 생각과 일치하지 않는 의견에 대해서는 관심을 보이지 않는 자신의 모습이 자신의 강한 주도성 및 책임감과 관련이 있다는 점도 알게 되었다.

자기 성찰의 깊이는 코칭 목표 설정에 중요한 영향을 준다. 예를 들어, '일방향 소통' '경청 부족'이라는 피드백을 확인한 후, 양방향 소통 늘리기와 팀원의 의사 표현에 귀 기울이기라는 목표를 세운다면, 이는 일종의 일대일 대응 수준의 목표 설정이라 할 수 있다. 반면, 본인의 성향에 맞는 효과적인 의사소통 방법을 찾기 위한 노력, 리더로서 자신의 욕구와 의도를 정확하게 인식하려는 노력, 그리고 자신의 행동에 대한 객관적 이해는 자기 성찰에 토대를 둔 코칭 목표 설정으로 이어지게 된다. 이 경우에는 코칭 목표는 물론 코칭 과정 및 내용도 피코치의 독특성과 개별성을 고려한 맞춤형 코칭이 가능해진다. 이에 따라 코칭 몰입도는 자연스럽게 높아지고 높은 변화 동기는 코칭 성과로 이어질 것이다.

코칭에서 자기 인식을 돕는 것의 목적은 단지 피코치의 깊이 있는 자기 이해를 위한 것만이 아니다. 코치가 누구와도 일치되지 않는 독특한 관점과 경험을 가진 존재로서 피코치를 바라보고 인정해 주는 것은 이후 변화 단계인 주도성 증진을 위한 토대를 마련해 준다. 피코치 스스로 자신을 독특한 존재로 이해하고 받아들이는 것은 좀 더 자유롭게 변화 방향을 선택하고 자신만의 방법으로 변화를 시도해 보고자 하는 동기를 높여 주기 때문이다. 이렇게 피코치가 자신만의 감정, 동기 및 사고 방식 등을 가진 하나의 유기체로 자신을 인식하는 순간 한편으로는 머릿속이 복잡해질 수 있으나, 다른 한편으로는 세상에서 유일하고 독특한 존재로 자신을 지각하는 새로운 경험을 할 수 있다.

피코치의 자기 인식을 돕는 방법에는 객관적인 평가 활용과 다양한 관점의 질문 활용이 있다. 첫째, 객관적인 평가는 다양한 평가 도구(성격진단, 리더십 진단, 상황 관찰 방법 등)를 활용하여 객관적 자료를 토대로 자기 인식의 폭을 넓히는 것이다. 이를 통해 확인된 개인의 독특성 요소는 코칭의 주요 과정에 활용될 수 있다.

대규모 워크아웃을 앞두고 리더십 진단이 실시되었다. 한 임원은 진단 결과를 전달 받고는 애써 편안한 표정을 지으며 "별로 기대하지 않는다." "크게 영향을 받지 않는다." "이미 마음의 결정을 하고 있다." 라고 말은 하지만, 순간 머릿속에 생각이 많은 듯 표정이 어둡다.

이 임원의 MBTI 검사 결과는 NF(직관형-감정형) 성향이 강하였다. NF 성향은 특히 복잡하고 어려운 의사결정을 내리기 전에 다양한 면을 고려하느라 고민과 갈등이 많은 편이다. 더욱이 만족스럽지 못한 리더십 진단 결과를 받고 생각이 많은 게 당연하다. 그러나 단순히 성격유형 검사 결과로 피코치를 틀에 맞춰 바라보는 오류를 범해서는 안 된다. 성격 진단 검사는 피코치의 성향에 대한 단정적인 판단을 위해 활용되는 것이 아니다. 그리고 코칭으로 이러한 성향을 바꾸려고 하는 것이 목표가 아니며, 또 그것이 가능하지도 않다. 피코치들은 각기 나름의 독특한 성향들을 갖고 있기 때문에 코치의 핵심 역할은 이 요소가 현재 상황을 바라보고 대응하는 데 어떤 영향을 주고 있는지를 생각해 보도록 도와주는 것이다. 또한 NF성향을 긍정적으로 활용하여 이 상황을 다양한 관점에서 생각해 보도록 도와줄 수 있다. 혹은 반대로, 남들보다 더 많은 생각과 갈등을 하게 만들 수 있음을 인식하고 정해진 기간 내에 우선순위의 기준을 세우고 의사결정을 할 수 있도록 도와줄 수도 있다. 동일한 상황과 목표라 할지라도 상황을 이해하고 목표에 다가가는 전략과 방법은 달라야 한다. 이 중요한 과정의 중심에는 독특성을 지닌 개인이 존재하기 때문이다.

둘째, 당면한 이슈 해결에 과도하게 몰두하지 않게끔 이슈에 초점을 두기보다 이슈를 바라보는 피코치 자신에게 초점을 둔 다각적인 탐색을 돕는 것이다. 관점과 시각을 전환하여 자신을 객관적으로 돌아보는 데 도움이 되는 질문을 활용하는 방법이 있다. 자신의 의도와 욕구가 상대방에게 어떻게 전달되는지, 상대방은 이를 어떻게 지각하고 있는지, 자신의 좋은 의도가 독특한 행동 방식으로 인해 어떻게 달리 표현되고 있는지, 상대방의 각기 다른 기대수준과 사항에 따라 자신의 모습이 어떻게 비춰질 수 있는지를 생각해 볼 수 있도록 도와주는 질문이 필요하다.

코칭에 활용하기

1. 객관적 자료를 토대로 자기 인식의 폭을 넓히기
   - 진단 혹은 평가 방법(성향 진단, 리더십 진단, 상황 관찰 방법 등)에 대해 이해하기
   - 결과 혹은 정보 이해하기
   - 성향 진단 결과를 토대로 업무 상황에서 자신의 모습을 점검하기
   - 성향 특성과 주요 이슈와의 관련성 점검하기
   - (다면 진단의 경우) 자신과 타인과의 갭을 점검하고 이를 토대로 자신과 타인에 대한 이해도 높이기

2. 관점과 시각 전환을 위한 질문하기
   - 팀원들이 기대하는 것은 무엇이라 생각합니까?
   - 본인이 팀원이라면 어떤 생각을 할까요?
   - 상사 입장에서는 무엇이 가장 중요할까요?
   - 본인의 의도와 다르게 전달/표현되는 부분은 무엇입니까?

사례 적용

지금까지 맡은 일만 성실히 해 왔던 신임 팀장이다. 좋은 성과를 인정받아 남들보다 빠른 승진을 했다. 그런데 아직 몸에 익숙지 않은 성과 관리와 팀원 육성이 부담스럽기만 하다. "팀장 역할을 잘하고 싶은데……." "내가 몸이 여러 개도 아니니 현실적으로 쉽지 않을 것 같은데…… 그래도 뭔가 지금과는 다르게 일을 하지 않으면 안 될 것 같다는 생각은 듭니다만 어디서부터 잘못된 것인지……"라며, 답답함을 호소한다.

이슈에 초점을 둔 코칭 접근과 사람에 초점을 둔 코칭 접근은 다음과 같이

비교될 수 있다.

- 이슈 탐색에 초점을 둔 접근
  - 성과관리에서 가장 우선적으로 변화가 필요한 부분은 무엇입니까?
    (변화 과제 확인)
  - 현재 이로 인한 어떤 어려움이 있습니까? (상황 파악)
  - 주된 원인은 무엇이라 생각합니까? (원인 분석)
  - 어떻게 해결/변화시킬 수 있습니까? (해결/변화 방법 도출)

- 자기 인식에 초점을 둔 접근
  - 리더로서 가장 성취감 혹은 만족감을 느끼는 때는 언제입니까?
  - 본인이 생각하는 리더의 가장 중요한 역할을 무엇입니까?
  - 현재 팀원들이 자신에 대해 어떤 기대를 하고 있다고 생각합니까?
  - 현 상황에 대해 어떤 생각이 듭니까 혹은 감정이 느껴집니까?
  - 다른 신임 혹은 경력 팀장들과 비교해 보면 어떤 차이가 있습니까?
  - 팀원 육성에서 개인적으로 가장 어려운 부분은 어떤 것입니까?

THE PSYCHOLOGY OF COACHING

06
자율적 선택과 결정의 권한을 부여하라

1. 주도성 증진

코칭은 사람들이 스스로 원하는 방향을 정하고 이를 향해 나아가는 데 필요한 잠재적 자원과 에너지를 확보하여 변화 과정에 집중할 수 있도록 돕는 것이다. 여기서 원하는 방향은 목표 설정과 관련된 것이며, 자원과 에너지는 변화를 향한 움직임에 필요한 요소다. 방향과 에너지는 사람들의 동기를 결정하는 기본 요소다. 코칭은 본질적으로 동기와 관련된 활동이다. 코치는 현재에 만족하고 있는 피코치로 하여금 새로운 도전 의식을 불러일으킬 수 있다. 또한 변화를 원하긴 하지만 망설이는 피코치로 하여금 주어진 목표가 아닌 자신의 가치에 부합하고 진정으로 자신이 원하는 목표를 정할 수 있도록 도울 수 있다. 또한 기대한 대로 원하는 변화가 나타나지 않을 때 혹은 실행 의지가 저하될 때, 코치는 목표를 떠올리며 실행을 지속하는 데 필요한 동기를 유발시킬 수 있다. 따라서 코치의 역할은 피코치와의 관계를 기반으로 피코치가 더욱 건강하고 성공적

으로 기능하는 데 도움이 되는 방향으로 나아갈 수 있도록 필요한 에너
지를 불어넣고 이와 관련된 내적 동기를 높여 주는 것이다.[1] 여기서 내적
동기란 한마디로 스스로 움직이게 하는 힘이다. 사람들은 자신이 스스로
선택하고 결정한 행동을 할 때 더 강한 에너지를 보이며, 시키지 않아도
혹은 힘들어도 스스로 움직이려고 한다. 내적 동기는 스스로 목표를 정
하고 실행 방법을 선택할 때 증가된다.

　설령, 특정 기대나 목표가 애초에 외부에서 주어진 경우라도 자신의
가치에 부합하고 자신의 가치를 충족시키는 데 도움이 된다고 확인되는
순간 내적 동기가 생겨날 수 있다. 이는 주어진 목표가 다른 사람이 아닌
자신이 진정으로 원하는 목표로 전환되었기 때문이다. 예를 들어, 아직
업무를 제대로 파악하지 못하고 업무 역량이 부족한 신입 직원들도 시키
는 일을 할 때보다 스스로 할 일을 찾아서 할 때 더 신명 나게 일을 한다.
또한 똑같은 일이라도 자신만의 방법으로 일을 수행해 냈을 때 만족도는
더 높아진다. 혹여 실패를 하더라도 다시 시도할 가능성도 상대적으로
높다.

　코칭은 사람들이 스스로 자신에게 중요한 선택과 결정을 할 수 있도록
격려하며 이런 주도적인 변화 과정을 촉진한다. 구체적으로, 코치는 피
코치 개인이 중요하게 여기는 가치에 부합하는 목표를 설정할 수 있도록
돕는다. 그리고 스스로 움직여서 의미 있는 변화를 이루어 낼 수 있도록
자발적인 동기를 이끌어 내는 데 초점을 맞춘다. 스스로 변화를 이끄는,
즉 자기 주도적 변화를 촉진하기 위해 필요한 조건은 다음과 같다.

　첫째, 코칭 대화의 중심이자 초점은 피코치이어야 한다. 코칭 초기에
피코치의 입장에서 주의 깊게 듣고 수용해 주는 반응은 피코치 중심의

관계 구축을 위해 중요하다. 더 나아가 이 과정에서 피코치는 코칭에서 자신의 역할(대화를 주도하기, 자발적으로 의사 표현하기 등)을 자연스럽게 확인하고 습득하게 된다. 전문가인 코치가 이끄는 대로 편안하게 따라가면 될 거라는 예상을 했던 피코치는 순간 부담감을 느끼기도 하지만 한편으로는 코칭 대화와 변화에 대한 주인의식이 생겨난다.

둘째, 변화의 방향은 피코치가 원하는 것이어야 한다. 변화 방향이 애초에 외부에서 주어진 것이라 하더라도 관련된 기준이나 가치를 내면화하여 자신의 것으로 전환이 되어야 한다. 변화를 주도하는 데 필요한 자신만의 동기와 가치부여가 필요하기 때문이다. 또한 자신이 스스로 원하는 바고 성취 후에도 만족할 수 있는 목표를 선택하고 자신에게 적합한 방법으로 움직일 수 있어야 힘든 변화 과정에서도 동기가 유지될 수 있기 때문이다.

셋째, 목표 설정과 이를 달성하기 위한 방법을 선택할 때 최대한 선택권이 부여되어야 한다. 의사결정이나 판단에 필요한 정보가 필요시 제공된다고 하더라도 최종적인 선택과 결정권은 피코치에게 있다. 선택권 부여는 변화 과정에 대한 주인의식을 고취시키는 데 중요하다. 더 나아가 코칭의 성과를 자신에게 돌릴 수 있게 해 준다. 성공적인 변화를 이루어낸 경우라도 자신이 선택한 것이고 스스로 해낸 것이라는 생각이 들지 않는 경우에는 온전한 개인적 성취감으로 느껴지기가 어렵다. 코칭을 통한 성과를 자신의 결정과 노력으로 더 많이 귀인시킬 수 있을 때, 자신의 능력에 대한 자신감, 즉 유능감이 증가할 수 있으며, 개인의 지속적인 성장 자원이 구축될 수 있다.

주도성 증진의 기본 가정

1. 코칭 대화의 중심이자 초점은 피코치이어야 한다.
2. 변화의 방향은 피코치가 원하는 것이어야 한다.
3. 목표 설정과 실행 계획 수립 시에는 최대한 선택권이 부여되어야
   한다.

그러나 우리가 어떻게 항상 자신이 원하는 대로, 그리고 항상 선택권을 갖고 살 수 있을 것인가? 아직 사리 판단능력이 부족한 아이들에게는 부모의 훈육이 필요하고 조직의 구성원들에게는 주어진 목표 달성과 관련 역할 수행의 의무가 있다. 예를 들어, 관리자에서 리더로 역할 전환이 되었음에도 불구하고 자신이 잘할 수 있고 원한다고 해서 구성원들의 업무 수행 점검과 성과 평가에만 머무른다면 리더로서 제대로 평가를 받을 수 없을 것이다.

한 신임 리더는 '내가 왜 기본적으로 역량이 부족한 팀원들까지 챙기면서 귀한 에너지를 써야 하는가?'라는 생각을 했었다. 하지만, '장기적으로 조직에서 더 중요한 역할을 맡아 역량을 발휘하려면 지금과 달리 무엇이 더 필요할까'를 생각하면서 리더십 개발에 관심을 갖게 되었다. 그러던 중 신임팀장 대상의 리더십 교육에 참가하여 구성원 육성 방법을 익힌 후 의식적으로 시도한 결과, 팀원 육성 과정이 작은 업무 성과로 이어지는 것을 확인하였다. '리더의 성과는 구성원들의 역량 발휘를 통해 이루어진다'는 것을 다시금 상기하면서 자신의 육성 역량에 대한 자신감을 느끼기 시작하였다. 이에 따라 리더십 개발,

특히 리더의 체계적 육성 역량 발휘가 개인의 새로운 가치로 자리 잡
게 되었다.

일반적으로, 조직에서 이루어지는 리더십 개발 코칭에서는 이러한 외
부 가치가 개인에게 내면화되는 중요한 과정이 진행된다. 외부에서 주어
진 가치에 대한 내면화가 선행되지 않는다면 다소 일방적으로 주어진 목
표와 실행 계획은 코칭 대상자의 행동을 조금은 움직일지는 몰라도 주
도적인 성장 경험의 기회를 제공해 주지는 못할 것이다. 코칭이 진행되
는 동안은 의식적으로 변화를 꾀하려는 노력을 하지만 코칭 이후에 지속
적인 변화 과정에 전념하지 못하는 이유도 바로 여기에 있다. 리더십 개
발이라는 이슈가 자신을 가슴 뛰게 만들지 못할뿐더러 이를 위해 다양한
방법을 자발적으로 생각해 내고자 하는 동기가 부족할 수밖에 없다. 반
면, 설사 목표가 외부적으로 주어졌다고 하더라도 개인적으로 이에 대한
가치 부여가 적절히 이루어진다면 그 순간 이 목표는 자신만의 목표로
전환이 된다. 목표에 대해 개인적 가치부여가 이루어지면 그 순간, 변화
는 자신을 위한 것이고 자신만의 방법으로 이 과정을 주도적으로 이끌고
자 하는 동기가 생겨날 것이다. 이것이 바로 주도성 증진 과정이다.

2. 자기 결정성

심리학 하위 분야 중 동기심리학은 행동의 동인을 연구하는 학문 분야
다. 사람들이 언제 움직이고 언제 움직이지 않는지 그리고 무엇이 사람

들을 움직이게 만드는지가 주요 관심사다. 변화가 필요하다는 것을 알고 있으면서도 실제로 행동하지 않을 때 혹은 잠재역량이 많음에도 불구하고 최선의 성과를 내려고 애쓰지 않을 때, 우리는 동기가 부족하다고 말한다. 코칭에서는 오래된 습관을 바꿔야 하거나 한 번도 시도해 보지 않은 새로운 행동을 시도하고 학습해야 하는 경우가 많다. 관성을 거스르는 방향으로의 행동변화에는 특히 동기 유발에 많은 노력이 필요하다.

　사람들이 현재에 만족하지 못하고 새로운 도전이나 변화를 꾀하고자 할 때, 가장 우선적으로 요구되는 것이 바로 명확한 방향성과 그 방향으로 나아가는 데 필요한 에너지다. 우리가 흔히 말하는 동기는 이 두 가지, 즉 가고자 하는 방향설정과 에너지 제공의 기능을 갖고 있다. "동기가 명확하지 않다" "동기가 약하다" "동기가 생기지 않는다" 등등의 표현은 이런 기능이 제대로 작동되지 않고 있다는 뜻이다. 현재가 만족스럽지 못함에도 불구하고 어떤 쪽으로 변화를 꾀해야 할지 모르는 상황, 혹은 원하는 방향이 무엇인지는 잘 알고 있으나 변화에 필요한 에너지, 예를 들면 의욕과 의지가 부족한 경우다. 동기는 변화를 향해 나아가는데 가장 중요한 선행 요소다. 코치는 피코치의 변화와 성장에 필요한 동기가 적절히 확보되어 있는지, 안 되어 있다면 어떻게 동기를 유발할 것인지, 그리고 확보되어 있다면 그 동기가 얼마나 자발적인 것인지에 관심을 기울여야 한다.

　최근의 동기 이론 중 코칭에 접목 가능한 것이 바로 자기 결정성 이론 (self determination theory)이다.[2] 자기 결정성은 성장을 향한 인간의 타고난 경향성으로서 변화에 필요한 동기를 스스로 유발하고 변화를 자신의 가치와 성격, 즉 자기(self)와 통합해 나가는 과정이다.

40대 한 가장은 더 이상 주위의 압력에 의해서가 아니라 스스로 판단하에 금연을 결심하였다. 그는 금연이 가장으로서 가족에 대한 책임감과 건강한 삶을 중요시하는 개인적 가치에 부합된다는 생각에서 결정을 하게 되었다고 말한다.

한 팀장은 다면 리더십 평가에서 몇 년째 사람관리 리더십 항목에서 전사 평균을 밑도는 점수를 받았으나 별로 개의치 않게 생각하며 지냈다. 그런데 이제는 리더십 평가의 신뢰성을 거론하거나, 성과가 우선이라고 여기는 것이 개인의 발전을 위해 더 이상 최선이 아니라는 생각이 들었다. 리더로서 한 단계 성장하기 위해서 사람관리 리더십을 어떻게 활용할 수 있을까에 대한 고민을 하기 시작하면서 새로운 목표가 생겼다. 이전에는 낮은 평가 점수에만 초점을 두고 변화하지 않으면 안 된다는 주위의 압력에 은근히 저항을 하곤 했다. 하지만 이번에는 상황이 달랐다. 최근 팀의 특정 업무를 보완하기 위해 다른 팀에서 온 팀원들이 늘어나자 개별적 성향 파악에 기초한 업무 배정 및 관리는 물론 전체적인 팀워크가 주요 이슈로 대두되었다. 팀장은 사람관리 리더십 발휘가 절실히 필요하다는 것을 인식하였고 리더로서 새로운 성장의 기회를 삼고자 변화를 결심하게 된다.

자기 결정성 이론의 핵심 개념은 바로 내적 동기(intrinsic motivation)다.[3] 내적 동기란, 동기유발의 원천이 개인 내부에 있다는 의미를 담고 있다. 내적 동기는 외부 통제나 규제 없이 개인이 행동 그 자체에 흥미를 느끼고 몰두하게 해 준다. 따라서 내적 동기가 유발되면, 사람들은 자신의 학습과 성장과정에 자발적으로 참여하고 이에 따라 기대하는 성공 경험을 할 가능성이 높아진다. 내적 동기는 세 가지 기본 욕구, 즉 자율성, 유능감 그리고 관계 욕구가 충족될 때 증가한다.[4] 마치 칼 로저스가 인간의 자아 실현 경향성이 발현되는 데 필요한 조건들로 공감적 이해, 무조건적 긍정적 수용, 그리고 진실성을 꼽은 것과 유사하다. 에이브러햄 매슬로가 자아실현 경향성은 타고난 욕구라고 말한 것처럼 내적 동기도 타고난 동기다. 사람들은 누구나 스스로 원해서 그리고 자발적인 동기가 생겨서 움직이길 원한다. 오히려 외부의 물질적 보상이나 위협, 마감기한, 방향 제시, 평가 압력 및 부과된 목표는 누구나 갖고 태어난 내적 동기를 저하시킬 수도 있다. 이와 관련된 다양한 실험 연구 결과에 의하면, 아이들이 즐겨서 하던 그림 그리기 행동도 이에 대한 보상을 약속하는 순간, 그림의 질, 흥미도 및 자발적 시도 횟수는 줄어들었다.[5]

내적 동기를 증진시키는 데 기본이 되는 세 가지 욕구인 자율성 욕구, 유능감 욕구 그리고 관계 욕구는 서로 긴밀하게 연결되어 있다. 스스로 선택하거나 결정할 수 있는 기회를 제공해 주면서 동시에 선택의 어려움과 갈등을 인정해 주는 것은 상황에 대한 통제력과 자율성을 증진시킬 수 있다. 또한 스스로 선택한 것의 결과가 긍정적일 때는 성공의 원인을 자신으로 돌릴 가능성이 높아지므로 확실한 유능감을 경험할 수 있게 해 준다. 또한 유능감 욕구는 사람들로 하여금 자신의 능력과 기술 수준을 고려하여 적정한 수준의 도전을 시도하게끔 만들어 성공 가능성을 높여 주기도 한다. 관계성 욕구는 안정적인 관계 구축과 이를 통해 얻는 지지와 관련된 것으로서 마찬가지로 내적 동기의 증진에 도움이 된다. 관계성 욕구가 충족된 사람들은 다른 사람들과 연결되어 있다는 느낌을 받고 수용과 지지를 받는다는 경험을 한다. 관계성 욕구는 기대하는 특정한 결과를 얻기 위해 직접적으로 작용하는 것이라기보다는 타인과 연결되고자 하는 욕구, 그리고 수용과 지지를 받고자 하는 욕구를 말한다. 사람들은 수용과 지지를 받을 수 있는 관계 속에서 새로운 도전을 자유롭게 선택할 가능성이 높으며, 힘든 상황에서도 성취감을 얻고자 하는 강한 의지를 보일 가능성이 높다. 이렇게 세 가지 욕구는 서로 연결되어 내적 동기 유발과 유지에 기여한다.

내적 동기의 주요 세 가지 욕구 중 가장 핵심은 자율성이다. 자율성은 자신이 스스로 행동을 결정하는 주체임을 경험한다는 의미다. 여기서 자율성과 독립성의 차이를 살펴보자. 자율성은 자발적으로 그리고 자유롭게 선택하는 것을 의미하며, 독립성은 주위의 도움을 받지 않고 스스로 해결하는 것을 말한다. 개인의 자율성을 북돋우고 증진시킨다는 것은 상대의 관점을 받아들이고 협력한다는 것이다.[5] 즉, 상대방의 관점으로 보면서 상대방이 무엇을 원하는지를 알고자 하고 자유롭게 선택할 수 있는 기회를 제공해 주는 것이다. 그러므로 코치가 피코치의 관점과 의도를 수용하고 존중하는 것은 결과적으로 자율성 증진으로 이어질 수 있다. 반면, 코칭에서 의도가 담겨 있는 질문, 유도적인 질문, 제안의 내용을 담고 있는 확인형 질문 등은 자율성 증진을 제한할 수 있다. 자율성 부여는 변화의 방향을 자유롭게 선택할 수 있게 해 주고 힘든 변화 과정에서도 동기를 유지할 수 있게 해 준다. 아울러 코칭으로 기대하는 성과를 얻었을 때 이를 자신에게 귀인 시키도록 해 줌으로써 유능감을 높이는 데도 도움이 된다.

자율성 부여가 주도성 발휘에 중요한 요건이라고 하더라도 때로는 자율성 부여가 현실적으로 어려운 경우가 있다.

첫째, 이슈나 상황에 대한 피코치의 기본적인 이해와 정보 부족이다. 나름대로 업무 지시를 한다고 했는데 잘못된 방향의 보고서를 가지고 오는 팀원이 있다. 팀장은 그때마다 잘못된 부분을 꼼꼼하게 지적하면서 수정해 올 것을 재차 요청하였다. 그런데 이런 상황이 반복되자 팀장은 보다 근본적인 해결책이 필요하게 되었다. 팀장은 자신이 팀장이 된 지 2개월도 채 되지 않아 체계적인 업무 관리 방법에 아직 익숙하지 않다는 것을 깨닫게 되었다. 이때, 코치는 일반적으로 흔히 사용하는 사후 피드백과는 달리 피드 포워드(업무 수행 전에 전달하는 구체적인 지시와 지침 등)라는 개념에 대해 간략하게 설명해 주었다. 코치는 전문적 안내[6]를 통해 피드 포워드의 기본 요소와 기대 효과에 관한 정보를 제공해 줄 수 있다. 이후 팀장은 사후 피드백만이 아닌 사전에 그리고 수행 중간에 점검이 필요하다는 인식을 하게 되었다. 이 개념을 이해한 팀장은 코치가 제공하는 다양한 피드 포워드 지침 중에서 업무 특성과 맥락, 그리고 자신의 스타일에 적합한 피드 포워드 방법을 최종 선택할 수 있었다.

둘째, 현실적 제약이나 조건에 대한 고려가 부족한 경우다. 코치가 피코치의 욕구나 기대사항을 수용한다는 것이 어떠한 바람이나 목표를 표현하더라도 이에 전적으로 동의를 해야 한다는 의미는 아니다. 때로는 한계설정에 기반한 자율성 부여가 자기 주도성과 책임감을 증가시킨다.[5] 이는 코칭에도 적용이 가능할 것이다. 예를 들어, 60세를 바라보는 은퇴자가 젊었을 때 꿈꾸었던 파일럿에 도전해 보고 싶다고 한다. 자발적 선택과 동기가 확보되었다고 해서 이를 그대로 코칭 목표로 삼을 것인가? 이 경우에는 우선, 파일럿이 되면 어떤 새로운 경험을 할 거라 기

대하는지, 어떤 점에서 만족스러울지에 대해 질문을 해 볼 수 있다. 이와
같이 개인의 핵심 욕구를 확인한 뒤에 그 목적에 부합하는 다양한 직업
과 활동 분야에 대해 고민하고 선택할 수 있게끔 자율성을 부여해 줄 수
있을 것이다. 이것이 바로 한계설정 후 선택의 기회를 제공하는 한 예다.

구성원의 업무 관리 시에도 리더가 구성원과 함께 명확한 한계를 공
유하고 그 범위 내에서 다양한 선택 조건을 생각해 보도록 도울 수 있다.
예를 들어, 정해진 기한과 구체적인 기준에 부합되는 보고서를 작성해야
할 경우, 구성 방법 및 지원 요청에 관한 선택권이 부여될 수 있다. 이외
에도 조직에서의 리더십 개발 코칭에서는 변화 목표나 실행 계획 수립에
있어서 현실적 혹은 상황적 제약이 많다. 개인이 기대하고 바란다고 해
서 모두 코칭 목표로 연결되기는 어렵다. 조직의 전략적 방향과 팀의 성
과 목표 등 이미 고정되어 있는 사항들이 있기 때문이다. 때로는 이런 고
정 요소들이 너무 크게 느껴져 변화 목표를 수립할 때 개인의 기대 사항
과 욕구를 표현하는 데 제한을 받기도 한다.

명시적이고 구체적인 행동 변화(예를 들어, 양방향 소통 늘리기, 부정적
감정 표현 줄이기, 효과적인 업무 피드백 하기 등)가 아니라 이런 행동 변화
를 통해 개인적으로 혹은 조직 차원에서 얻고자 하는 것, 즉 핵심 욕구에
초점을 맞추게 되면 이를 충족시킬 수 있는 대안들의 범위는 이전보다
넓어질 수 있다. 이 경우에는 주어진 명시적 목표에 자신을 맞춰야 한다
는 느낌에서 벗어날 수 있다. 이에 따라 기대하는 바를 충족시킬 수 있는
다양한 방법을 모색하면서 관점과 시각이 넓어지고 자신만의 방법을 자
유롭게 선택하고 결정할 수 있다는 해방감도 느낄 수 있다. 자율성을 보
장해 준다는 의미는 피코치가 말하는 꿈을 액면 그대로 받아들이고 이를

그대로 목표로 설정하게끔 하는 것이 아니다. 자율성의 가치가 가장 빛날 때는 한계 설정하에 개인의 핵심 욕구를 최대한 충족시킬 수 있는 조정된 목표와 실행 계획을 수립했을 때다.

셋째, 외부에서 주어지는 목표나 기대가 최우선이어야 하는 경우가 있다. 자율성을 기반으로 하는 내적 동기가 이상적이긴 하지만 우리가 현실 상황에서 처음부터 자유롭게 내적 동기를 발휘할 수 있는 범위가 그리 넓지 않다. 관련된 예로, 기업에서 진행되는 리더십 개발 코칭의 경우, 온전히 피코치 개인의 욕구를 토대로 코칭 목표가 정해지는 경우도 있지만, 상사 혹은 조직에 의해 기본적 목표가 주어지는 경우가 대부분이다. 예를 들면, 팀장 리더십 개발, 혹은 더 구체적으로는 구성원들과의 소통 능력 개발, 구성원 육성 역량 개발 등 정해진 목표가 따로 있는 경우다. '왜 이런 능력까지 개발해야 하나?' '나만의 리더십 스타일이 있는데……' '시대에 따라 변하는 리더십 모델에 맞추라고 하니, …… 카멜레온 리더십인가?' 등의 불만이 마음속에 자리 잡고 있다면 어쩔 수 없이 기대하는 행동을 하긴 하지만 진정성은 부족해질 것이다.

외부에서 부과된 개발목표에 대해서는 변화에 대한 자율성 발휘가 불가능한 것인가? 자율성 발휘가 항상 개인의 기존 가치나 욕구에서만 나오는 것은 아니다. 예를 들어, 처음에는 부모의 기대와 요구로 시작한 공부가 어느 순간 칭찬과 인정을 받을 수 있는 방법이 되고 그렇게 지속된 행동이 자신의 꿈을 이루는 데 도움이 된다는 것을 깨닫고부터 학업적 성취는 진심으로 자신이 원하는 목표가 된다. 외부 기준이나 규제가 개인의 가치와 통합되면 더 이상 외부의 기준에 따라 움직이는 것이 아니라 스스로 원하는 것을 얻기 위해 움직이게 된다. 이처럼 처음에는 외부의 가치 기준에 부합하느라 새로운 행동을 시작했는데, 하다 보니 자신의 가치와 욕구에 잘 부합되어 자신의 새로운 가치 항목으로 자리 잡게 된다. 이것이 바로 동기의 내면화 과정이다.

자기 결정성의 하위 이론 중 유기체 통합 이론(Organismic Integration Theory: OIT)[3]은 바로 이러한 동기의 내면화 과정을 이해하는 데 도움이 된다. 유기체 통합 과정이란 사람들이 외부에서 요구하는 행동 가치를 내면화하고 자신과 통합해 가는 과정이다. 다시 말하면, 외부의 가치와 유기체, 즉 한 개인의 가치가 통합되는 과정이다. 예를 들어, 자신의 가치 및 욕구와 거리가 먼 행동을 해야 할 때, 처음에는 거부감이나 불일치감이 높았으나 요구된 행동의 가치를 수용하거나 자신의 가치를 조정함으로써 서로 간의 불일치가 줄어들고 궁극적으로 서로 다르다는 것을 느끼지 못하는 상태에 이르게 된다. 처음에는 외부 통제나 기대에 맞추느라 어쩔 수 없이 시작한 행동이 점차 개인에게 거부감 없이, 자발적으로, 그리고 더 몰입해서 하는 쪽으로 변해 가는 과정이 바로 대표적인 예다. 이때 개인의 가치 내면화 수준은 사람들이 자신이 속한 집단과 문화의 가치를 자신의 기존 가치에 얼마나 적극적으로 연결시키느냐에 따라 구분된다. 〈표 6-1〉은 어쩔 수 없이 시작한 운동이 점차적으로 자발적인 행동 습관으로 변해 가는 과정을 유기체 통합 이론의 틀에 기초하여 구체적인 예시로 정리한 것이다.

자기 결정성 이론은 코칭에서 내적 동기 유발의 중요성뿐만 아니라 코칭의 전반적인 진행 과정을 이해하는 데 도움이 되는 '큰 그림'을 제공해 준다.[7] 자율적 동기가 단순히 변화를 위한 전제 요건 혹은 피코치로부터 이끌어 내야 하는 준비상태로서만 기능하는 것이 아니다. 다시 말해서

〈표 6-1〉 운동습관에 대한 동기의 변화 단계[3]

수준		내용	예
무동기		-행동을 하지 않거나, 하더라도 의지가 없음 -행동에 대한 가치 부여를 하지 않음	내가 운동을 하지 않는 이유는…… -시간도 없고 바쁘고 그 시간에 잠을 더 자야 하는데…… -운동이 무슨 효과가 있을지……
외적 동기	1단계: 외적 불편감의 회피	-타율에 의해 행동함 -외적 보상과 압력에 순응함	내가 운동을 하는 이유는…… -최근 건강 검진에서의 경고를 무시할 수 없어서…… -가족들의 압력도 있고……
	2단계: 내적 불편감의 회피	-불안과 처벌을 피하기 위해 행동함 -자존감을 유지하기 위해 행동함 -기준은 채택하나 수용은 하지 않음	내가 운동을 하는 이유는…… -승진 평가에도 영향을 줄 수 있다는 말에…… -자기 관리가 부족하다는 말을 듣기 싫어서……
	3단계: 개인적 가치 부여	-행동에 의식적으로 가치를 부여함 -개인적으로 중요한 행동으로 채택함	내가 운동을 하는 이유는…… -체력과 근력이 조금씩 증가되는 것을 느껴서…… -활력이 증가되는 효과가 있다는 것을 확인할 수 있어서……
	4단계: 개인적 가치에 통합	-자신의 다른 가치와 일치시킴	내가 운동을 하는 이유는…… -내가 중요하게 여기는 자기 관리에도 도움이 되는 것 같아서…… -내가 중요하게 여기는 규칙적인 습관에도 좋은 것 같아서……
내적 동기		-행동 자체로 만족감을 느낌 -과정에서 즐거움, 만족감, 성취감을 느낌	내가 운동을 하는 이유는…… -이제 운동 그 자체를 즐기기 때문에……

자율적 동기 유발은 코칭을 통해 이루어지는 전반적인 변화 과정의 중심이 될 수 있다. 이는 외부의 기대와 기준에 따라 생겨난 변화 동기가 점차 자신의 내적 동기로 전환되어 가는 과정 자체가 코칭에서 나타나는 변화 과정과 매우 흡사하다는 뜻이다. 또한 변화와 관련된 자기 결정성 수준, 즉 변화에 대한 자발적인 동기와 자율성 수준이 증가하는 과정 자체가 코칭의 핵심 단계와 통한다. 구체적으로 코칭 초기에는 외부에서 주어진 목표를 향해 변화를 시도하였지만, 점차 목표에 대한 개인적인 가치 부여가 이루어지고 작은 성공 경험들을 통해 개인적인 성취와 만족감이 증가되면서 변화 방향에 대한 확신이 증가된다. 변화된 모습과 행동 그 자체를 즐기고 만족감을 느낄 수 있는 수준에 이르게 되면 외부의 보상이나 기대로부터 자유로워진다. 즉, 변화를 스스로 주도하고 선택하는 상태가 된다.

자기 결정성 이론은 다음과 같이 코칭 실무에 중요한 시사점을 제공해 준다.

첫째, 코칭 초기 단계에서 개인의 가치와 욕구를 탐색하고 이들과 코칭 목표와의 연결고리를 찾는 작업이 필요할 것이다. 또한 본격적인 변화 과정이 진행되고 있을 때에도 코치는 피코치의 욕구와 가치가 언제, 어떻게 충족되고 있는지를 확인해 보는 것이 필요하다. 지속적인 내적 동기의 유발 및 유지에 도움이 되기 때문이다.

둘째, 자기 결정성 이론은 이러한 코치와 피코치 간 협력 작업이 원활하게 이루어질 수 있도록 확고한 파트너십을 구축하는 데 필요한 조건이 무엇인지를 알려 준다. 내적 동기는 자율성 욕구와 유능감 욕구 그리고 관계성 욕구가 충족될 때 증가된다. 자기 결정성 이론은 적극적 경청, 공감, 본인의 의지에 따른 행동에 대한 격려 등과 같은 코칭 스킬이 중요하다는 것을 경험적으로 지지해 준다.

셋째, 변화를 성취한 이후에도 기대했던 결과의 원인을 본인의 의지와 노력으로 귀인시킬 수 있도록 도와줌으로써 자신의 능력에 대한 자신감 증진과 지속적인 변화를 위한 동기유발이 가능해진다.

3. 코칭 스킬 vs 주도성 증진

대표적인 코칭 스킬인 경청과 질문 그리고 피드백은 각각 마음, 생각 그리고 행동을 여는 스킬이라고 상징적으로 표현되기도 한다.[8] 이를 피코치 관점에서 본다면, 코칭 스킬들은 피코치의 주도성이 발휘될 수 있는 안정적인 관계를 구축해 주고 자율적 선택과 결정의 기회를 제공해 주는 기능을 한다.

코칭 스킬의 효과성은 피코치가 가치 있는 목표설정과 실행과정에 얼마나 적극적으로 임하고 변화과정을 얼마나 주도적으로 이끄느냐에 달려 있다. 경청은 피코치에 대한 수용과 존중을 기초로 신뢰 관계를 구축함으로써 코칭 대화에서의 주인공이 바로 피코치 자신임을 인식하도록 도와준다. 질문은 이전에 고려하지 못했던 새로운 관점을 갖게 도와주고 객관적 자기 인식과 변화에 필요한 탐색을 촉진해 준다. 이 과정에서 피코치는 자신이 진정으로 원하는 것을 스스로 확인하고 변화에 필요한 다양한 계획을 검토해 본다. 그리고 자발적인 동기 유발을 위해 필요한 것이 무엇인지를 적극적으로 찾는다. 자연스럽게 피코치는 변화를 스스로

3. 코칭 스킬 vs 주도성 증진 **121**

주도해 나간다는 경험을 할 수 있다. 그러므로 핵심 코칭 스킬로 잘 알려 진 경청과 질문은 주도성 증진과 밀섭한 관련이 있다. 이처럼 경청과 질 문의 목적 및 기대효과를 떠올려 보면, 이들이 내적 동기를 유발하는 데 토대가 되는 관계성 욕구와 자율성 욕구 충족이 관련이 있다는 것을 알 수 있다. 이는 경청과 질문을 '어떻게 할 것인가', 즉 방법에 초점을 맞추 는 것과는 차이가 있다. 목적과 기대효과에 초점을 둔다면 기존의 코칭 스킬 이외에 다양한 스킬을 고안해 낼 수 있을 것이다.

〈표 6-2〉 **코칭 스킬의 목적과 기대효과**

코칭 스킬	목적	기대효과
경청	수용과 존중으로 관계 구축	관계성 욕구 충족
질문	관점 확대와 주도적 탐색의 권한 부여	자율성 욕구 충족

경청은 피코치가 수용과 존중을 받는다는 경험을 하게 해 줌으로써 기 본적으로 피코치와의 신뢰 관계 구축을 도와준다. 그런데 코치와 피코치 간 안정적인 관계 구축이 단지 '편안하고 좋은 대화'로만 이어져서는 안 된다. 내담자 중심의 상담접근은 상담자의 자질이자 주요상담기법으로 공감, 무조건적 긍정적 존중 그리고 진실성을 강조한다.[9] 특히 이 세 가지 기법은 상담에서 내담자와 상담자 간의 관계 구축의 핵심요소다. 관계 구 축 요인은 여러 다양한 상담접근에 상관없이 상담의 효과성에 기여하는 공통 요인(common factor)로 꼽힌다. 코칭에서도 코치와 피코치의 관계 구 축은 코칭의 성과를 좌우하는 데 중요한 역할을 한다. 그런데 최근 코칭 관련 연구에 의하면, 상담과 달리 코칭 성과에는 관계 구축 요인에 비해

목표 중심적인 코칭 접근이 상대적으로 중요하게 부각되기도 한다.[10] 좋
은 관계형성만으로는 코칭의 기대 성과를 얻기 어려우나, 수용과 존중을
토대로 한 관계 구축은 피코치의 주도성 증진과 코치의 효과적인 변화지
원을 위한 필수 선행 요소가 될 수 있다.

　질문은 코칭 대화를 진행하는 핵심 스킬이다. 질문은 다양한 관점을
가지고 생각해 보고 탐색할 수 있도록 도와준다. 이로써 코칭 과정의 핵
심 내용인 자기 성찰, 이슈에 대한 새로운 조망 취득, 핵심 가치와 니즈
확인, 목표 설정 및 행동 계획 수립을 가능하게 해 준다. 그런데 이러한
질문의 기능 혹은 기대 효과보다 더 중요한 것은 질문과 관련된 기본 가
정이다. 전문성을 갖춘 코치가 아닌 피코치가 스스로 자신에게 적합한
답을 찾을 수 있을 거라는 인정과 믿음이 바로 그것이다. 질문은 상대방
에게 탐색과 해결책 도출의 권한을 부여(empowering)하는 것이다. 영어
로 empowering은 동사 empower(권한을 부여하다, 자율권을 주다)의 명사
형으로 '힘 돋우기' 혹은 '역량 배양하기'라는 뜻을 담고 있다. 질문은 주
도성 증진에 핵심이 되는 코칭 스킬이다. 적절한 질문은 때로는 자기 성
찰을 촉진하기도 하고 피코치의 핵심 가치와 욕구에 부합하는 변화 목표
를 스스로 찾을 수 있도록 돕기도 한다. 이렇게 스스로 선택하고 찾는 주
도적 활동을 통해 얻은 목표 달성의 성취감은 자신이 변화를 이루어 낼

〈표 6-3〉 **주도성 증진을 위한 코칭 기법**

주요 목적	관련 욕구	코칭 기법
주도성 발휘의 토대 구축	관계성 욕구	수용하기
탐색과 선택의 권한 부여	자율성 욕구	질문하기
가치 내면화	자율성 욕구	개인의 가치와 연결하기

수 있다는 유능감 획득으로 이어진다.

　스킬 중심의 대화에서 주도성 증진을 위한 대화로 전환해 보자. 여기
서는 내적 동기 유발과 관련된 자기 결정성 이론을 토대로 주도성 증진
을 위한 구체적인 코칭 기법들을 소개하고자 한다. 주요 코칭 기법은 내
적 동기의 핵심요소인 관계성 욕구와 자율성 욕구를 충족시키는 것에 초
점을 맞추고 있다.

1) 주도성 증진의 토대 구축

　수용하기는 상대방의 관점, 감정 그리고 의도를 있는 그대로 받아들
이고 이해한 바를 표현하는 것이다. 수용하기의 기저에는 상대방의 어떤
말이나 행동이든지 간에 자신의 기준으로 판단하지 않고 그 자체를 인정
하고 존중한다는 의미가 있다. 수용하기는 상대방으로 하여금 자신의 생
각과 감정을 스스럼없이 표현하게 하고 이에 스스로 가치를 부여하게 만
들어 준다. 수용적인 분위기에서 피코치는 코치와의 대화에서 제약이나
평가에 대한 부담을 느끼지 않고 다양하고 자유로운 탐색 작업을 할 준
비를 갖추게 된다. 따라서 코치는 수용하기를 통해 피코치에 대한 존중
의 태도를 전달할 수 있으며, 피코치는 자유로운 의사 표현과 선택이 가
능해진다. 이는 코칭의 성과에 중요한 영향을 줄 수 있는 피코치의 주인
의식과 코치와 피코치 간 파트너십 구축으로 이어진다.

　수용하기는 관점 읽기, 의도 읽기 그리고 감정 읽기로 구분된다. 관점
읽기는 이슈와 상황에 대한 상대방의 관점을 판단하지 않고 있는 그대
로 받아 주는 것이다. 의도 읽기는 상대방의 기대, 바람 등 긍정적인 의도

를 인정하는 것이다. 마지막으로 감정 읽기는 표현된 혹은 표현되지 않는 상대방의 핵심 감정을 알아줌으로써 상대방의 심정에 대한 공감을 표현하는 것이다. 상담이나 코칭에서 많이 사용되는 경청과 공감 반응은 이와 같은 여러 가지 요소에 동시에 초점을 두고 반응을 해야 하기 때문에 코치로서 부담이 될 때가 있다. 그리고 각각에 대한 초점이 흐려져 결과적으로 기대효과가 크지 않을 수도 있다. 수용하기의 핵심은 상대방인 피코치의 관점과 의도 그리고 감정을 구체적으로 구분하여 존중해 주는 것이다. 이에 따라 수용하기는 이후 코칭대화에서 피코치가 보다 자발적이고 주도적인 태도를 취할 수 있도록 돕는 기대 효과를 갖고 있다.

2) 탐색과 선택의 권한 부여

코칭에서 질문은 피코치의 자율성을 존중하고 이를 촉진하는 기능을 한다. 코치가 답을 제공하는 것이 아니라 피코치의 의견과 선택을 묻는다는 것은 피코치에게 주도권을 맡기는 것이다. 이 기저에는 피코치의 잠재능력과 자유로운 선택에 대한 존중이 담겨 있다. 질문은 피코치가 주도적으로 자신과 상황을 돌아보고 자신이 진정으로 원하는 것이 무엇인지에 대한 생각을 촉진해 주는 역할을 한다. 또한 자신이 스스로 원하는 바를 이루기 위해서 적합한 방법을 찾을 수 있도록 선택의 권한과 기회를 부여하는 것이다. 질문의 형태나 내용은 다양하지만, 공통적으로 코치가 답을 주거나 판단을 내리지 않고 질문을 한다는 것은 피코치에게 중요한 선택과 결정을 내릴 수 있는 기회를 부여한다는 의미를 담고 있다.

질문의 주요 기능은 다음과 같다.

첫째, 제한된 시각과 관점을 넓히고 다양한 정보를 탐색할 수 있도록 돕는 것이다. 자신의 관점과 의도 그리고 감정에 대해 충분히 존중과 수용을 받은 피코치는 조금씩 여유를 갖게 된다. 이에 따라 피코치는 주변 사람들의 관점에도 조금씩 관심을 갖게 되고 자신의 틀을 넘어 변화를 모색해 보려는 시도를 할 수 있다. 팀원들과 감성적 소통을 잘하는 리더가 되고 싶은데, 어떤 노력을 해야 하는지 모르겠다는 팀장에게는 남다르게 소통하는 주위 팀장들을 떠올리면서 자신과의 차이점을 생각해 보도록 하는 질문을 할 수 있다. 때로는 감성적 소통이라는 것이 구체적으로 무엇을 말하는지에 관한 이해가 부족할 때는 이에 관한 정보를 코치가 제공해 줄 수도 있다. 예를 들어, 감성적 소통이 왜 중요한지, 업무 관련 상호 작용에서 어떤 역할을 하는지, 그리고 어떤 기대 효과가 있는지에 대한 간략한 정보를 공유할 수 있다. 그런 다음, 피코치의 개인적인 생각과 제공된 정보들 중에 자신에게 적합한 목표와 방법들을 최종 선택할 수 있도록 기회를 부여해 줄 수 있다.

둘째, 질문으로 선택의 기회를 부여하고 이에 대한 책임감을 갖도록 돕는 것이다. 그런데 여기서 가장 우선적인 원칙은 피코치가 어떤 선택을 하든 그 안을 존중해 주는 것이다. 하지만, 때로는 피코치가 자유롭게 선택할 수 있는 범위를 명확하게 확인하는 것이 필요할 때가 있다. 현실적인 여건과 자신의 영향력의 범위 내에서 가능한 안을 고려해 보도록 돕는 것이다. 이때, 한계를 되도록 넓게 설정하여 그 안에서 선택할 수 있도록 돕는 것이 효과적이다.

3) 개인의 가치와 연결

질문은 변화 주도에 필요한 내적 동기를 유발하기 위해 가치 내면화 과정을 촉진시킬 수 있다. 앞의 예에서 감성적 소통으로 기대하는 모습이 무엇인지를 질문을 통해 확인함으로써 이를 개인의 욕구 및 가치와 연결지을 수 있다.

결단력과 추진력이 강점인 한 본부장은 간결하고 단호한 표현을 선호한다. 다면 리더십 평가에서 확인된 개발 포인트는 바로 감성적 소통 역량이었다. 감성적 소통 역량 개발이라는 명시적 목표에만 초점을 두었을 때는 변화시도가 선뜻 내키지 않았다. 그런데 감성적 소통으로 기대할 수 있는 것이 딱딱한 메시지 위주의 비전 전달이 아닌 공감대 형성을 통한 조직의 방향성 공유와 일체감 형성이라는 것을 확인하는 순간 변화의 전환점이 생겨났다. 하위 조직인 팀의 목표가 본부 및 전체 조직의 방향성과 체계적으로 연계되어 보다 효과적인 변화와 혁신을 꾀할 수 있을 거라는 기대감도 나타났다.

이처럼 개인의 가치와 주어진 목표 간의 연결고리가 명확해지면서 변화 과정에 대한 주도성 수준이 높아지기 시작한다. 이때 질문의 기능은 자신의 핵심 가치 및 욕구 확인과 함께 목표 달성으로 얻을 수 있는 변화와 자신의 핵심 가치 및 욕구와의 연관성 찾기를 돕는 것이다. 기업 코칭에서는 이처럼 코칭 목표와 개발 방향이 주어진 경우가 흔히 있다. 이때 코치는 피코치 개인 가치와 주어진 코칭 목표를 연결 짓거나 혹은 주어진 목표를 자신의 가치로 내면화함으로써 변화과정에 대한 주도성을 높일 수 있다.

　　현장 실무로 경력을 쌓아 온 팀장에게 이제는 팀원들을 효과적으로 육성해야 하는 코칭 리더십 역량이 요구되었다. 피코치인 팀장은 처음에는 코칭 리더십 발휘라는 역할 부여에 대해 의식적으로는 수용이 되지만 심정적으로는 약간의 거부감과 부담감이 느껴졌다. 하라고 하니 노력은 하지만, 내심 팀장의 주요 역할에 포함시키는 것에는 다소 저항감이 있었다. "개인적으로 영업 팀장으로서 가장 중요하게 생각하는 역량은 무엇입니까?"라는 코치의 질문에 팀장은 "영업목표 달성 능력"이라고 답한다. "본인의 핵심 역량 발휘에 코칭 리더십이 어떤 도움이 될 수 있을까요?"라는 질문에 "앞으로 성과 창출에 기여할 수 있는 또 다른 새로운 전략을 고민해 보겠다"라고 한다. "5년 후 지금보다 더 유능한 팀장으로서 자신의 모습을 떠올린다면, 지금과 어떤 점에서 가장 많은 변화가 있을까요?"라는 질문에 혼자가 아닌 구성원들과 함께 목표 달성을 위해 일하는 팀 분위기라고 답한다.

이 과정은 피코치 개인의 핵심 가치를 수용하고 새로운 변화 방향과 이를 연결시킬 수 있는 가치 연결 고리를 만들어 가는 작업이다. 현재는 주어진 목표 달성을 위해 노력하고 있지만, 이 목표가 개인적으로 중요하게 여기는 욕구나 가치들과 어떤 관련성이 있는지 확인해 보는 것이다.

■코칭에 활용하기

1. 수용하기: 관점, 의도 및 감정 읽기

1) 관점 읽기: 이슈와 상황에 대한 피코치의 관점을 판단하지 않고 있는 그대로 받아 주는 것
   tip: 객관적 사실과 피코치의 주관적 지각을 구분하라.
       피코치의 주관적 기준과 관점에 대해 평가나 판단을 피하라.

2) 의도 읽기: 피코치의 기대, 바람 등 긍정적인 의도를 인정하는 것
   tip: 긍정적인 의도에 우선 초점을 맞추라.
       잘못된 부분, 부족한 부분에 대한 언급이나 확인을 피하라.

3) 감정 읽기: 표현된 혹은 표현되지 않는 피코치의 핵심감정을 알아 주는 것
   tip: 비언어적 메시지에도 주의를 기울여라.
       감정에 대한 평가나 과도한 감정이입을 피하라.

2. 탐색과 선택의 권한 부여하기
   • 관점 전환 및 확대, 그리고 정보 탐색을 위한 질문하기
   • 한계 설정 범위 내에서 자유로운 선택 돕기

3. 개인적 가치와 연결 고리 만들기
   • 개인의 핵심가치와 욕구 확인하기
   • 현재 목표와 개인의 핵심가치 및 욕구와의 연관성 찾기

사례 적용 수용하기

주간 회의 때마다 자유롭게 의견들을 꺼내 놓으라고 아무리 말해도 소용이
없어요. 다들 왜 그리 자신감들이 없는지, 아무 생각이 없는 건지……

1) 관점 읽기
- 팀원들이 기대만큼 적극적 참여를 하지 않는다는 말씀이네요.
- 여러 번 강조했음에도 달라지는 것이 보이지 않는다는 거네요.
- 능력이나 동기가 부족해서 달라지기 어렵다고 생각하시나 봅니다.

2) 의도 읽기
- 자유로운 의견 공유로 아이디어를 다양하게 얻고 싶으셨군요.
- 팀원들의 자발적인 참여를 기대하셨군요.
- 팀원들이 좀 더 진지하게 고민하고 노력하길 바라셨군요.

3) 감정 읽기
- (팀원들의 수동적인 태도에) 많이 답답하고 화도 나셨군요.
- (팀원의 노력과 역량 부족에) 많이 실망하셨군요.
- 이유를 몰라 많이 답답하셨군요.

사례 적용 탐색과 선택의 권한 부여하기

그렇게 일일이 업무 점검을 해 주고 구체적인 피드백을 해 줬음에도 불구하
고 업무가 나아지지 않는 팀원은 업무 동기와 의욕이 부족한 게 분명하지요.

1. 관점 전환과 정보 탐색 돕기

코   치: 팀장님의 꼼꼼한 업무 관리에 대해 팀원은 어떤 생각을 할 것 같습
니까?

피코치: '내가 팀장님의 신뢰를 얻지 못하고 있구나.'라는 생각이 들 것 같네
요. (인정받고자 하는 팀원의 욕구를 떠올리며 자신의 꼼꼼한 관리
가 의도와 달리 팀원을 더 위축시킬 수 있겠다는 생각을 한다. 그리
고 업무 평가와 피드백의 주요 기준이 되는 팀장 자신의 눈높이와
기준을 다시 점검한다.)

코 치: 팀장님이 꼼꼼한 업무 관리로 팀원에게 기대하는 것이 무엇인가요?
피코치: 제대로 그리고 빨리 업무를 익혀 관리 없이도 혼자서 해낼 수 있길
기대합니다.

코 치: 팀원은 이러한 팀장님의 기대를 얼마나 정확하게 알고 있을까요?
피코치: 평가와 피드백은 철저히 한 것 같지만, 구체적으로 기대하는 모습과
평가 기준은 제대로 전달하지 못했던 것 같습니다.

코 치: 팀원과 가장 먼저 확인하고 공유해야 하는 것은 뭐라고 생각합니까?
피코치: 팀장은 서로의 눈높이도 확인해 보고 팀원의 기대사항도 확인해 봐
야 할 것 같네요. 그다음에 눈높이에 맞는 업무 요구와 평가 기준을
다시 조정해 봐야겠습니다.
(이로써, 관점이 전환되고 변화의 초점도 팀원을 어떻게 변화시킬
것인가에서 자신에게 변화가 필요한 부분이 무엇인가로 바뀌었다.
팀원의 변화를 위해 자신이 어떤 변화를 해야 하는 지로 초점이 바
뀌었다.)

2. 한계 설정 범위 내에서 자유로운 선택 돕기

코 치: 현 상황과 팀장님의 권한 범위 내에서 육성 지원을 위해 할 수 있는
것이 어떤 것이 있을까요?
피코치: 나의 의도와 기대사항을 구체적으로 전달하는 것이 가능할 것이고
기한이 상대적으로 좀 더 여유 있는 업무를 선택해서 업무 수행에

필요한 지원이 무엇인지를 확인해 보는 것이 가능할 것 같습니다.

`사례 적용` 개인적 가치와 연결 고리 만들기

영업 팀장으로서 무엇보다 목표 달성이 최우선인데…… 예전에는 무슨 일이 있어도 제게 주어진 목표는 어떻게 해서든지 해내곤 했지요. 지금 팀원들의 모습을 보면 투지나 패기도 부족해 보이고…… 이들을 챙기고 키워가면서 일을 해야 하기에는 현실적으로 너무 힘드네요.

1. 개인의 핵심가치와 욕구 확인하기
- 어떨 때 힘든 줄 모르고 집중력이 높아집니까?
- 어떤 일에 몰입이 가장 잘 됩니까?
- 현재 업무 수행에서 가장 중요하게 생각하는 기준은 무엇입니까?
- 힘들어도 꼭 해내고 싶은 일은 무엇입니까?
- 지금까지 일을 해 오면서 가장 성취감을 느끼고 만족스러웠던 경험은 어떤 것입니까?
- 그 경험이 가장 기억에 남고 만족스러웠던 이유는 무엇입니까?
- 다시 경험해 보고 싶은 절정 체험은 어떤 것입니까?

2. 현재 목표와 개인의 핵심가치 및 욕구와의 연관성 찾기
- 목표가 달성되면 개인적으로 어떤 점이 가장 만족스러울 거라 생각합니까?
- 목표가 달성되면 본인의 가치나 욕구 충족에 어떤 도움이 될 것 같습니까?
- 실행을 하는 과정에서 더 명확해진 자신의 가치와 욕구가 있습니까?

07
변화 준비도를 점검하고
전략을 수립하라

1. 변화 촉진

코칭을 어떻게 하는가? 라는 질문에 흔히 코칭 기법이라고 하는 경청, 질문, 피드백을 활용하여 GROW, 즉 목표설정(Goal), 목표와 관련된 현실 파악(Reality), 목표달성을 위한 대안 탐색(Option), 실행 의지의 확인(Will)으로 진행되는 프로세스 대화를 떠올린다. 그런데 이런 기본적인 코칭 방법이 얼마나 적합하고 효과적인지를 결정하는 것은 때로는 코치의 프로세스 대화 역량을 넘어 피코치의 특성과 상황이라는 점을 인식해야 한다. 예를 들어, 변화하고자 하는 방향이 명확하고 변화에 대한 동기가 높은 피코치라면, 그리고 변화에 필요한 내·외적 자원이 잘 갖춰져 있다면 기본 코칭 스킬과 프로세스만으로도 기대하는 결과를 얻을 수 있을 것이다. 혹은 지금까지 소개한 성장욕구와 자기 성찰의 촉진 그리고 주도성 증진만으로도 변화를 이끌 수 있다.

그러나 코칭에서 펼쳐지는 변화 과정은 단순하지가 않다. 개인마다 변

화에 대한 준비도가 다르다. 즉, 목표에 대한 기대 수준, 목표를 달성하고
자 하는 의지, 그리고 이에 투자하는 노력도 각기 다르다. 또한 본격적으
로 변화계획을 실행하는 과정에서도 앞으로만 나가게 하지 않고 주저하
거나 뒤로 물러서게 만드는 요소들이 존재한다. 코치는 피코치들이 이러
한 눈에 보이지 않는 요소들에 적절하게 대응할 수 있도록 도와야 한다.
따라서 목표를 향해 나아가는 과정에서 피코치가 경험하는 역동적인 변
화 과정을 체계적으로 구분하고, 각 단계에서의 주요 경험과 관련 심리
적 요소를 고려한 코칭 전략이 수립되어야 한다. 심리학에는 변화의 핵
심요소와 원리에 관한 검증된 지식이 많이 있다. 즉, 코칭의 성과로 보이
는 행동 변화에 기여하는 핵심 요인들과 행동 변화 원리에 관한 검증된
지식들이 있다.

앞서 소개한 성장지향 패러다임, 전체론적 관점 그리고 주도성 증진과
달리, 앞으로 소개할 변화 촉진과 성장 잠재력 구축과정은 코칭이 일정
기간 동안 여러 회기로 진행될 경우, 단계적으로 밟아가야 할 과정이라
할 수 있다. 특히 변화 촉진 과정은 개인이 원하는 목표를 달성하기 위해
변화 필요성을 인식하고 목표 설정 및 실행 계획을 수립하여 이를 실행
에 옮기는 과정이다. 여기에는 코치와 피코치 간 굳건한 파트너십을 토
대로 기대하는 목표 달성을 위한 변화 동기 관리, 목표 관리 및 실행 관리
에 이르는 각각의 과정이 포함된다.

첫째, 변화 동기 관리는 변화에 대한 필요성 인식을 돕고 변화에 대한
준비도에 맞춰 코칭의 출발점을 정하고 관련 전략을 수립하는 것이다.
둘째, 목표 관리 과정은 추상적이거나 모호한 변화 방향을 구체화하고
개인과 상황의 특성에 맞게 목표를 조정하는 것, 그리고 목표와 관련된

실행 계획을 수립하는 것이다. 마지막으로 실행 관리는 실행을 가로막는 눈에 보이지 않는 내적 요인과 외적 통제 요인들을 다룸으로써 실행을 촉진하는 것이다. 변화 촉진 과정의 주요 단계에서의 핵심과제 및 주요 과정을 정리하면 〈표 7-1〉과 같다.

〈표 7-1〉 **변화 촉진을 위한 주요 과제와 관련 기법**

목적	주요 과제	관련 기법
동기 관리	변화 필요성 인식 돕기	정서경험을 활용하여 동기유발하기
	준비도 점검하기	준비도에 따른 전략 수립하기
목표 관리	목표 정교화하기	목표의 개별화, 맥락화, 구체화 작업하기
	실행 계획 수립하기	SMART 원칙 활용하기
실행 관리	내적 저항요인 다루기	양가감정 다루기
		암묵적 가정 점검하기
	외적 통제요인 다루기	행동에 대한 기능적 분석하기
		행동 변화 모니터링 및 피드백 하기

변화 촉진의 기본 가정

1. 변화 준비도에 따라 코칭의 출발점이 달라진다.
2. 개인 맞춤형의 코칭 목표가 실행 가능성을 높인다.
3. 의지와 무관하게 실행을 가로막는 내·외적 요인들이 존재한다.

2. 동기 관리

변화 촉진을 위한 첫 번째 과제는 변화 동기를 관리하는 것이다. 변화 동기를 관리한다는 것은 개인이 변화를 진정으로 원하는 것인지를 확인한 후, 변화 방향을 정하고 변화에 필요한 에너지를 확보하는 것이다. 그런데 동기의 주요소인 방향성과 에너지 그 자체에만 초점을 둔다면, 마치 리더가 구성원에게 방향성에 해당하는 성과 목표를 부여해 주고 격려와 지원을 통한 에너지를 불어넣어 주면 될 거라는 생각을 하게 만들 수 있다. 동기는 부여하는 것이 아니라 유발하는 것이라는 말처럼, 동기는 개인에게서 나와야 한다. 다시 말해서 스스로 움직이려는 마음이 생겨야 그 기능이 발휘된다. 앞서 인간을 유기체라고 표현하였다. 변화에 대한 개인의 생각, 감정, 동기 그리고 행동은 각각 독립적인 것이 아니라 서로 긴밀하게 연결되어 있다. 코칭에서의 최종 변화 확인이 행동에 초점이 맞춰져 있다고 하더라도 이를 위해 함께 작동되어야 할 요소들이 있다는 뜻이다.

코칭에서 실제적인 변화는 주로 눈으로 확인 가능한 행동상의 변화다. 그런데 이전에 없었던 행동 레퍼토리를 새롭게 만들고 이를 실행에 옮겨 그 효과를 경험하는 일련의 과정은 많은 에너지와 정교한 작업을 요구한다. 예를 들어, 사람들은 큰 불편함을 느끼지 않는 한, 이대로 안주하고 싶어 한다. 변화된 모습을 떠올릴 때 가슴이 뛰거나 에너지가 생기지 않는다면 그냥 형식적인 과정으로 생각하고 코칭에 참여할 수도 있다. 반면에, 당장 특정 리더십 관련 행동을 바꾸지 않으면 평가에서 불이익을 받을지 모른다는 생각에 불안해하기도 한다. 이처럼 변화가 필요하다는 인식이 생겨나는 시점은 주로 지금까지의 고민거리나 이슈에 대한 새로운 통찰이 생겼거나 더 이상 변화하지 않으면 안 될 것 같다는 일종의 위기 의식을 느끼는 상황이다. 또한 지금 당장은 아니지만 앞으로의 경력 개발을 위해 변화가 필요한 적기라는 생각에 도전의식이 증가되고 기대감에 활기가 생겨나기도 한다. 그러므로 변화에 대한 필요성 인식과 함께 변화에 대한 의지, 기대 및 태도를 점검하고 이를 적절하게 관리하는 것이 중요하다. 동기 관리는 변화를 위한 엄두를 낼 수 있도록 그리고 변화의 출발점을 정하고 첫 걸음을 내딛도록 돕는 과정이다.

3. 변화 필요성의 인식

피코치가 현재 자신의 모습에 더 이상 만족하지 않고 원하는 방향으로 변화를 해야겠다는 자각이 생기는 시점이 바로 변화 필요성을 인식하는 순간이다. 그런데 코칭 장면에서 피코치들이 말로는 "변화가 필요하다." "변화를 해야 한다."라고 하는데 실제로 적극적으로 변화를 시도하지 않는 경우가 있다. 머리로는 변화 필요성을 인식하고 있으나, 절실하게 혹은 심정적으로 변화에 끌리지는 않기 때문이다. 주요 이슈에 대해 감정적으로 동하거나 혹은 동하지 않거나, 그리고 특정한 방향으로 나아가고자 하는 에너지가 새롭게 생겼느냐 혹은 그대로인가의 차이다. 이는 모두 변화의 핵심요소인 정서 및 동기와 관련이 있다. 동일한 이슈를 가진 피코치라고 하더라도 경험하는 정서와 동기 수준에 따라 변화 과정에 대한 몰입도는 달라진다.

행동의 기저에는 방향성과 에너지를 수반하는 동기가 존재한다. 동기는 목표지향적 행동을 유발한다. 또한 동기는 목표 지향적 행동을 지속하게 하는 추진력, 즉 에너지를 제공한다. 이러한 동기의 기저에는 정서라는 핵심요소가 있다. 예를 들어, 도전실패 이후 경험하는 적당한 수준의 두려움은 더 열심히 노력하게끔 만든다. 정서는 동기를 유발하고 동기는 목표 지향적인 행동으로 이어진다. 정서의 이러한 특성에 기초해 보면, 코칭 장면에서 정서가 어떤 기능을 할 수 있는지를 예측해 볼 수 있다. 코칭의 주요 변화 단계에서 정서는, 첫째로 자기 성찰을 촉진한다. 둘째는 정서는 관점과 인식의 전환 과정에 관여한다. 셋째는 정서는 행동 변화에 필요한 사고의 촉진과 확장으로 이끈다. 마지막으로 정서는 다양한 행동 계획을 수립하고 실행에 필요한 동기 유발을 돕는다.[1] 이와 관련된 예들은 코칭 장면에서 흔하게 나타난다.

> 한 임원은 사전 진단으로 실시된 리더십 다면 진단 결과를 받아 보자마자 본인 평가 결과에 비해 현격히 낮은 부하직원의 평가 결과를 확인하고 약간의 충격을 받았다. 그 순간 떠오르는 생각은 '뭐가 잘못된 것이지?' '정말 실제로 그렇단 말인가?' '부하직원들의 평가 기준이 도대체 무엇일까?'다. 이 질문에 하나씩 답을 찾아 가면서 관점 전환과 함께 자신에 대한 이해의 폭이 넓어지기 시작했다. 처음에는 받아들이기 힘들었던 결과들이 관점과 기대 차이에 의한 것으로 이해가 되면서 불편감이 점차 줄어들었다. 그리고 자신의 행동이 타인에게 미치는 영향에 대해서도 조금씩 인식해 가면서 마치 어지럽게 널려

있었던 퍼즐 조각들이 맞춰지듯 조금씩 정리가 되기 시작했다. 처음에 불편했던 마음이 조금 가라앉으면서 차분히 자신을 돌아보고 생각해 보는 데 도움이 되는 감정 상태가 되었다. 이런 감정 상태는 분석적인 사고를 촉진하여 자신과 주변 사람들을 이해하는 데 도움을 주었다. 그리고 점차 생각이 정리가 됨에 따라 증가되는 긍정적 감정들은 새로운 변화 방향을 설정하고자 하는 동기를 촉진하는 데 도움을 주었다.

연구소장직을 맡고 있는 한 임원은 연구원들의 전문성을 제고하기 위해 이전보다 더욱 도전적 수준의 목표와 연구주제를 전달하였다. 하지만 예상과 달리 별 성과가 없었다. 오히려 업무 분위기는 더 나빠지고 사기도 저하되고 있는 것이 분명하게 감지되었다. 연구소장은 이런 상황에 대해 영문을 몰라 혼란스럽다고 말했다. 해외 콘퍼런스 참석과 최근 전문 저널 자료공유 등 좋은 기회를 활용하지 못하는 연구원들에게 약간은 실망감을 표현하기도 했다. 코칭 과정에서 연구소장은 연구원들의 관점에서 상황을 바라보기 시작하였고 역량과 눈높이에 있어서 본인과의 큰 차이를 지각하게 되었다. 지금까지 육성의 의도를 갖고 행한 행동들이 오히려 연구원들의 자신감을 더 저하시킬 수 있음을 깨닫고 잠시 숙고 모드로 접어들었다. 본인의 적극적인 육성 노력을 피력했을 때 보여 주었던 에너지가 넘치고 활기찬 모습은 순간 사라지고 차분하고 약간은 가라앉은 기분으로 생각에 잠기는 듯했다. 감정의 변화와 함께 생각과 행동의 방향이 전환되는 순간이다. 차분한 감정 상태에서 상황에 대한 더욱 체계적인 분석과 함께 자신의 행동에 대한 깊이 있는 탐색이 이루어졌다. 그 결과, 연구소장은 본인의 중요 가치인 연구원들의 전문성 제고를 위해 지금과는 다른 접근이 필요하다는 인식을 하게 되었다. 연구원들의 관점과 눈높이로 상황을 이해하고 이에 따른 전략수립이 필요하다는 생각에 이르렀다.

이처럼 감정 변화는 자기 성찰 과정에서 새로운 방향으로의 관점 전환과 탐색을 촉진한다. 코칭에서 피코치가 새로운 관점을 얻고 아이디어를 창출해 내는 질적인 변환 시점인 생성시점(generative moment)은 내면의 욕구가 드러나고 강한 정서를 경험하는 변화의 시발점이다.[2] 바로 여기에도 정서 변화가 수반된다. 코칭에서 감정을 다룬다는 것은 단지 피코치의 힘든 감정을 공감하는 것만이 아니다. 관점 전환으로 필요한 정보수집과 탐색을 촉진하고 변화를 위한 동기 유발을 하는 데 감정을 적극 활용하는 것이 필요하다. 변화의 필요성을 머리로 이해하는 것과 가슴으로 느끼고 마음이 동해서 변화하고자 결심하는 것에는 차이가 있다. 코치는 변화 동기의 유발에 중요한 역할을 하는 '결정적' 정서를 경험하도록 돕고 이를 단지 순간적인 감정 반응으로 여겨 스쳐 지나가게 하지 말고 이를 적극 활용할 수 있어야 한다.

한 팀장은 평소 구성원들과 스스럼없이 지내기로 소문이 나 있다. 구성원들을 대할 때 전혀 권위를 내세우지 않고 친한 선배처럼 편하게 업무소통을 한다. 그래서 구성원들과의 소통에 있어서는 누구 못지않게 자신이 있었다. 그런데 최근 실시된 리더십 다면 진단 결과 내

용 중 구성원들의 피드백(개인의 프라이버시를 좀 존중해 주셨으면 좋
겠다)을 확인하고는 순간 표정이 굳어졌다. 예상치 못한 피드백 내용
에 당황스런 표정은 조금 뒤 불편한 표정으로 변했고 시간이 조금 흐
른 뒤에는 약간 차분하게 가라앉은 기분 상태로 변했다. 그 이후, 전
에는 미처 생각지 못했던 점들이라면서 자신에 대한 그리고 팀원들에
대한 새로운 생각들을 하나씩 꺼내 놓기 시작하였다. 변화를 위한 새
로운 에너지가 생겨나는 순간이다.

  감정은 자연스럽게 관련된 생각과 동기를 수반하기 때문에 코치는 피
코치의 감정 변화에 민감해야 한다. 감정 혹은 정서는 뭔가 변화가 필요
하다는 것을 알려 주는 중요한 신호다. 아직 구체적으로 무엇을 변화시
켜야 하는지는 몰라도 불편함으로부터 벗어나야겠다 혹은 지금 현재 상
태에 머물러서는 안 된다는 생각을 하게 만든다. 특히, 이와 같은 정서
적 충격에서 어느 정도 벗어난 후, 차분히 가라앉은 정서 상태에서는 우
선적으로 분석적인 사고가 작동된다. 평소 자신의 모습을 꼼꼼하게 되돌
아보고 자신의 행동 하나하나를 떠올리며 이에 대한 분석작업이 이루어
진다. 피드백 내용과 관련하여 무엇을 바꿔야 하나? 왜 이런 예상치 못한
피드백을 받아야 하나? 도대체 어떤 근거에서? 등 시야는 좁아지면서 언
짢은 내용의 피드백에 대해 나름 합리화하기 위한 방법을 찾으려는 노력
도 나타난다. 이때 누가 더 정확하고 옳은지가 아니라 둘의 차이점은 무
엇인지, 이런 차이를 유발한 관점의 차이는 구체적으로 무엇인지, 본인
이 생각지 못했던 모습은 무엇인지에 대한 방향으로 탐색을 도와줄 필요
가 있다. 코치는 피코치의 감정 변화에 대해 공감을 해 주거나 감정 조절

을 도와줄 수 있다. 더 나아가 자기 성찰을 통해 중요한 변화 방향을 잡고 자발적인 동기를 유발할 수 있도록 도와줄 수 있어야 한다.

코칭은 기분 좋고 긍정적이며 에너지 넘치는 대화만 하는 것이 아니다. 만족스러운 변화와 성장이라는 결과를 얻기 위한 과정에는 때로는 충격, 좌절 및 분노와 같은 부정적인 감정도 수반된다. 강도 높은 부정적 감정은 오히려 성찰과 탐색에 방해가 될 수 있지만, 적절한 강도의 부정적 감정은 이에 도움이 된다. 사람들은 기분이 약간 가라앉아 침울할 때 자기 성찰의 동기가 생기고 자신을 더 잘 들여다볼 수 있기 때문이다. 그러므로 피코치의 깊이 있는 성찰과 변화의 필요성 인식을 촉진하는 데 피코치의 감정 변화에 민감하게 반응하고 이를 적절히 활용하는 것이 필요하다.

심리학의 하위 분야인 동기심리학은 사람들이 가고자 하는 방향을 정해 주고 이와 관련된 행동을 유발하고 지속하는 데 필요한 요인들을 연구하는 학문이다. 인접 분야인 정서심리학은 행동의 선행 요소인 동기를 촉발하는 요소로서 감정의 기능과 조절에 관심을 두고 연구한다. 코칭에서 변화를 시도하고 변화를 확인하는 대상은 행동이며, 행동 변화의 핵심요소는 정서와 동기다. 변화를 앞둔 현재 자신의 모습과 상황에 대해 어떤 감정을 갖고 있는지, 변화 목표에 대해 어떤 느낌을 갖고 있는지, 그리고 얼마나 변화 방향이 분명하고 변화 의지를 갖고 있는지는 행동 변화의 성공 여부를 결정하는 핵심요인이다.

진화론으로 잘 알려진 찰스 다윈(Charles Darwin)은 "정서는 기능적이다 (Emotion is functional)."이라는 말로 정서가 우리의 삶과 생존에 중요한 영향을 주는 요인임을 강조하였다.[3] 진화론적인 측면에서 보면 현대인들의 모습 속에도 원시시대 동물의 행동방식이 남아 있다. 동물들은 자신보다 덩치가 크고 위협적인 상대를 만나면 생존을 위해 도망을 쳐야 한다. 그리고 맞서 싸울 만하다고 판단되면 죽을힘을 다해 싸워 이기려고 한다. 이런 대응 방식이 생존과 적응에 도움이 되기 때문이다. 이런 생존을 위한 적응 방식은 우리의 일상생활에서도 쉽게 찾아볼 수 있다. 중요한 프로젝트 제안서 발표를 하루 앞두고 왠지 마음이 불편하면 혹시 부족한 부분은 없는지 혹은 빠뜨린 내용은 없는지 다시 살펴보게 된다. 이처럼 정서는 지금 이 상황에서 필요한 행동이 무엇인지에 관한 중요한 정보를 제공해 준다. 특히 이러한 부정적인 정서는 사람들로 하여금 위험에 대비하게 만들고 좀 더 꼼꼼하고 철저하게 분석하는 행동을 하게 만든다. 즉, 진화론적인 측면에서 그런 행동이 도움이 되기 때문이다.

부정 정서는 예상되는 문제나 어려움에 대비하는 데 도움이 되는 방향으로 행동을 하게끔 에너지를 유발시킨다. 또한 부정 정서는 세부적이고 체계적인 정보 처리를 돕는다. 긍정 정서든 부정 정서든 모두 공통적으로 인식과 관점의 전환을 이끌고 새로운 방향으로의 탐색을 촉진한다. 구체적으로 긍정 정서는 더 많은 새로운 관점과 다양한 경험을 할 수 있는 방향으로 목표를 설정하고 에너지를 유발하며, 창의적인 문제해결을 돕는다.[4] 또한 긍정 정서는 사고를 확장하고 변화에 필요한 관련 자원들을 구축하는 데 도움이 된다.[5] 따라서 긍정 정서는 목표 달성에 필요한 다양한 대안 행동을 확장해 나가는 데 중요한 역할을 할 수 있다.[6]

정서가 갖고 있는 중요한 정보와 기능을 적절하게 활용한다면 사람들은 자신이 원하는 방향으로 행동하는 데 중요한 동인을 얻을 수 있다. 바로 정서는 우리가 향하고자 하는 사고와 행동, 에너지의 방향을 정해 주기 때문이다. 코칭에서 피코치가 경험하는 정서는 주요 이슈와 관련된 관점을 전환하고 탐색을 촉진하는 데 도움을 주며 변화 필요성에 대한 인식을 높여 준다.

4. 변화 준비도 점검

사람들은 원하는 변화 방향이 명확하고 변화 필요성을 느끼더라도 마음속으로는 노력 투자 대비 변화 가능성을 따지면서 다양한 생각을 떠올린다. 예를 들어, '변화가 필요하긴 하나 이렇게 힘들게 노력을 기울여야 하나?' '누군가의 도움까지 받아야 하나?' '한두 번 시도해 본 것도 아닌데……' 등이다. 변화가 필요하다는 인식이 생겼다고 하더라도 구체적으로 변화 의지, 변화 수행 능력 및 성공 가능성에 대한 기대 수준 등 변화 실행에 대한 준비 상태가 다르다. 변화 필요성 인식과 행동 실행을 위한 준비도는 다른 차원이다. 특히 피코치의 변화 준비도에 따라 코칭의 출발점이 달라질 수 있기 때문에 본격적인 변화를 위한 코칭이 진행되기 전에 변화 준비도에 대한 점검이 필요하다. 변화와 관련하여 준비도 수준을 확인한 후, 각 수준에 적합한 코칭 전략이 필요하다.

프로체스카(Prochaska), 노크로스(Norcross)와 디 클레멘테(Di Clemente)의 변화 단계 모델은 행동변화에 대한 초이론 모델(Transtheoretical model)이라고도 불린다.[7] 어떤 이론적 접근으로 행동 변화를 꾀한다고 하더라도 행동 변화 과정에는 유사한 단계가 존재한다는 뜻이다. 각 단계는 전숙고 단계, 숙고 단계, 준비 단계, 실행 단계 그리고 유지 단계로서 변화에 대한 준비도 수준을 나타낸다. 각 단계의 특징들은 다음과 같다. 전숙고 단계에서는 변화의 필요성이나 가치를 느끼지 못하고 변화에 대해 방어적인 태도나 표현을 보인다. 숙고 단계는 변화 필요성을 느끼기는 하지만 아직 변화의 이점과 변화하지 않는 것의 이점을 동시에 생각하면서 양가적인 감정을 느끼는 상태다. 이 단계를 거쳐 변화해야겠다는 결심을 시작한 준비 단계에서는 행동 변화를 위한 구체적인 실행 계획을 수립한다. 이어서 실행 단계와 유지 단계는 각각 행동 계획을 실제 행동으로 옮기고 성공 경험과 변화된 모습을 유지해 나가는 과정이다. 사람들은 앞 단계로 전진만 하는 것이 아니라 때로는 뒤로 후퇴하기도 하면서 지속적인 실행을 위한 노력을 기울이며 유지 단계에 이른다. 이 단계 모델은 행동 변화가 핵심인 코칭에 적용 가능하다.

그럼, 변화 단계 모델에서 말하는 각 단계에 해당하는 코칭 전략들을 살펴보자. 전숙고 단계에서는 변화의 필요성에 의식적인 관심과 주의를 기울이도록 돕는 것이 필요하다. 따라서 주도성 증진에서 다룬 내적 동기 유발 전략과 함께 정서적 각성을 통한 변화 필요성 인식을 돕는 전략이 필요하다. 그 외, 상황에 대한 객관적인 분석도 변화하지 않으면 안 된다는 판단을 하도록 이끌 수 있다. 숙고 단계에서는 본격적인 변화 준비를 앞두고 주춤거리는 모습이 특징이다. 망설이는 이유로는 변화에 대한 자신감과 실행 의지 부족, 성공 가능성에 대한 낮은 기대, 변화에 대한 명확하고 구체적인 그림의 부재 등이다. 그 외에도 변화 과정에서 예상되는 어려움과 상황 제약을 떠올리며, 변화하지 않는 자신의 모습에 대한 그럴듯한 이유를 대기도 한다. 따라서 현실적인 제약과 함께 변화의 이점에 대한 객관적인 정보를 얻고 때로는 객관적인 평가와 성찰 과정에서 경험하는 정서적 각성을 통해 변화의 중요성을 확인하도록 돕는 것이 주된 전략이다. 그리고 기존의 관점에서 벗어나서 새로운 차원이나 틀에서 자신의 망설이는 행동을 살펴볼 수 있도록 돕는 것이 필요하다.

준비 단계에서는 행동 변화를 위한 계획 수립에 적극적으로 몰입할 수 있도록 변화 의지를 고취시키는 것이 필요하다. 진정으로 원하는 변화 목표 달성에 도움이 되는 구체적이고 현실적인 행동 실행 계획 수립이 도움이 된다. 이를 위해 유용한 정보 수집을 독려하고 때로는 정보 공유도 필요하다. 실행 단계에서는 실행 계획을 수립했음에도 불구하고 때로는 원인을 모른 채 계획한 실행이 자꾸 지연되는 경우가 발생되기도 한다. 이런 경우에는 목표 설정과 실행 계획을 다시 점검하면서 현실적인 맥락과 상충되는 점이나 제한 사항들을 확인해 보는 것이 필요하다. 또한 실행과정에서 발생할 수 있는 실패 경험과 낙담으로 쉽게 좌절하지 않도록 실패 경험을 성공 경험을 위한 중요한 정보원으로 활용할 수 있도록 도와야 한다. 뿐만 아니라, 아직 완전한 성취 경험을 하기 전이므로 코치뿐만 아니라 주위 사람들의 피드백을 적극 요청하도록 격려하는 것이 도움이 된다. 마지막으로 유지 단계는 변화된 행동을 지속적으로 유지시키기 위해서 객관적인 성공 경험의 유무를 넘어서서 특정 영역의 행동을 수행할 수 있는 개인의 역량에 대한 믿음 혹은 자기 효능감을 증진시키는 것에 초점을 두어야 한다.

코칭은 상담이나 심리치료에 비해 상대적으로 행동 변화에 좀 더 많은 초점이 맞춰져 있다. 상담이나 심리치료에서는 특정 행동 변화는 주요 증상이나 문제와 관련된 개인의 특성 혹은 역동을 이해하고 이를 토대로 이루어지는 전반적인 변화 중 하나의 산출물일 수 있다. 프로체스카, 노크로스와 디 클레멘테의 변화 단계 모델은 행동 변화가 핵심인 코칭에 상대적으로 적용하기가 더 적합한 틀이다. 심리학 기반 코칭 모델에 따르면 피코치가 변화를 원하는 방향이 어느 정도 잡힌 다음, 본격적인 변화를 위한 움직임이 시작되는 단계가 바로 변화 촉진 단계다. 그리고 변화를 성장 과정으로 확대해 나가기 위한 단계가 성장 잠재력 구축 단계다. 그러므로 이 모델은 변화 촉진 단계와 성장 잠재력 구축 단계에 적용 가능할 것이다.

그러나 이 모델은 코칭에 특화된 변화 단계 모델은 아니다. 이 모델은 다양한 중독 행동이나 건강관련 습관 행동(예: 흡연, 과식행동 등)과 같은 특정 행동 변화에 활용되어 왔고 변화 목표가 특정 행동의 변화일 때 적용이 보다 용이하다. 특히 습관 행동을 바꾸고자 할 때 흔히 나타나는 변화에 대한 강한 저항과 잦은 재발을 효과적으로 다루는 것에 초점이 맞춰져 있다. 코칭에서도 행동 변화 목표가 명확해진 후에는 단계 모델을 적용해 구체적인 목표 행동과 관련하여 피코치의 준비도를 확인하고 본격적인 변화의 출발점을 정하는 것이 도움이 된다. 코칭에서는 특정 행동 변화 자체를 코칭 목표로 삼기보다는 코칭 목표 달성을 위해 구체적인 실행 계획을 수립할 때 관련된 구체적인 행동이 정해지는 경우가 많다. 이에 따라 구체적인 단일 행동 변화를 목표로 하는 것이 아닌 코칭 과정에서는 상대적으로 변화 단계 모델의 활용도는 낮을 수 있다. 따라서 코칭 과정 전체를 변화 단계 모델에 따라 구분하는 것은 적절하지 않을 수 있다. 그보다는 변화 단계 모델에 기초하여 기대하는 변화 방향 혹은 목표에 대한 피코치의 준비도를 확인한 후, 변화의 출발점을 정하고 이에 적합한 코칭 전략을 수립하는 것이 바람직하다.

변화 단계 모델은 특정 행동 목표가 있는 경우, 효과적인 행동 변화와 유지에 도움이 되는 정보를 포괄하고 있다. 이에 비해 이희경의 코칭의 변화 모델[8]은 잠재적인 목표가 정해지기 전부터 목표로 하는 행동 변화를 성취한 이후 과정에 이르기까지 변화와 관련된 총체적인 코칭 과정을 포괄하고 있다. 구체적으로 코칭에서의 변화 과정을 변화 준비, 변화 시도 및 변화 성취 및 확장 단계로 나누고 각 단계에서의 개입방법과 함께 피코치의 긍정적 혹은 부정적 반응을 제시해 주고 있다. 코칭이 여러 회기로 진행될 경우에, 매회 코칭 대화의 틀이 GROW라고 한다면, 전체 회차를 위한 틀이 바로 코칭의 변화 모델이다.

이들 단계 모델의 공통적인 장점은 코칭 과정에서 나타나는 변화 내용과 피코치의 경험을 조망해 볼 수 있는 큰 그림을 제공해 준다는 것이다. 앞서 소개한 코칭 과정에 대한 메타인지는 대표적인 코치의 전문 역량으로서 변화의 흐름을 서로 구분된 단계로 이해하고 통합할 수 있는 능력을 말한다. 이는 일대일의 대화를 효과적으로 이끌어 나가는 것과는 다른 차원으로 전체적인 변화 과정을 읽고 전략적으로 이끌어 갈 수 있는 코칭 능력이다.

또한 각 회차 코칭 대화 모델인 GROW와 달리 여러 코칭 과정 전체를 하나의 큰 그림인 변화 단계로 이해하고 코칭을 한 방향으로 그리고 체계적으로 이끌어 갈 수 있다는 점에서 차이가 있다. 앞서 언급한 바와 같이 변화 과정은 결코 일방향으로 나아가는 것만이 아니라 때로는 뒤로 후퇴하기도 하는 등 역동적인 것이 특징이다. 때로는 한 단계 이상의 복합적인 특성이 동시에 섞여 나타날 수 있다. 중요한 것은 각 단계에서 어느 한 순간도 정체되어 있지 않고 역동적으로 움직일 수 있는 잠재적 요소를 갖고 있는 존재가 바로 피코치임을 기억하자. 피코치를 틀 속에 넣으려고 하는 순간 코칭의 살아 있는 역동성은 기대하기 어려울 것이다.

코칭에 활용하기

1. 정서를 활용하여 변화 동기 유발하기

- 정서변화 포착하기
  : 대화 중 피코치의 표정 변화와 목소리의 톤 변화에 주의 기울이기
- 초점 맞추기
  : 정서 변화 시점에서 나눈 주된 주제와 내용에 집중하고 관련 생각과 감정 탐색하기, 이와 유사한 과거 경험 탐색하기
- 변화에 대한 관점 및 생각의 전환 확인하기
  : 이슈와 관련하여 변화 필요성 인식 확인하기, 새로운 변화 방향에 대한 생각 확인하기
- 자기 성찰 촉진하기
  : 이와 같은 전환 과정에서 자신에 대해 새롭게 알게 된 점들을 점검하기

2. 변화 준비도에 따른 전략 수립하기

┌─〈사례 1〉────────────────────────────────
육성 관련 리더십 역량이 부족하여 이를 보완하기 위해 코칭을 받게 된 임원

-조직에서 성과가 최우선인데, 그리고 지금처럼 치열한 시장 상황에서는 더더욱 그렇잖습니까? 육성하는 데 부족한 시간과 에너지를 쓰고 언제 성과 달성에 매진을 할 수 있습니까?
└──

- 준비도 점검하기: 전숙고 단계

• 코칭의 출발점을 정하고 전략 수립하기: 변화에 대한 수용과 필요성 인식
  돕기

육성 역량 개발이라는 변화 요구에 저항적인 태도를 갖고 있으므로 육성이
라는 이슈 자체보다는 이 이슈에 대해 임원이 어떤 생각을 갖고 있는지 이와
관련된 어떤 감정을 느끼고 있는지 탐색하는 과정이 필요하다. 또한 '성과냐
육성이냐'가 아니라 지금까지 성과를 최우선시 하면서 치열하게 업무를 함
으로써 충족되는 개인의 욕구와 목표를 확인하고 보다 상위 수준에서 개인
이 지향하는 목표에 초점을 두고 여기에 육성 역량 개발이라는 이슈를 적절
하게 포지셔닝하는 방법이 가능하다.

┌─〈사례 2〉────────────────────────────────

육성 관련 리더십 역량이 부족하여 이를 보완하기 위해 코칭을 받게 된
임원

– 임원으로서 팀장에게 적절한 업무와 권한 위임도 하면서 단계적으로
  육성을 시키는 것이 중요한 역할이자 의무라고 생각합니다. 이번 기회
  에 고민해 보면서 한번 변화를 시도해 봐야 할 것 같습니다. 그런데 지
  금까지 리딩만 주로 해 오던 제 모습에 익숙해진 구성원들이 잘할 수
  있을 까요? 각자 나름의 구체적인 IDP들부터 준비를 할 수 있어야 할
  텐데요. 뿐만 아니라, 제 업무 범위를 이전과 달리 어떻게 줄이고 여유
  공간을 내야 할지도 고민을 해 봐야 할 것 같고요……. 지금까지 제가
  발휘해 왔던 리더십 색깔이 상대적으로 흐려지는 것은 아닐지…….

└──────────────────────────────────────

• 준비도 점검하기: 숙고 단계
• 코칭의 출발점 정하고 전략 수립하기: 변화의 제약 요인이 아닌 성공 요
  인에 초점을 두고 생각해 보기

변화 필요성은 인식을 하고 있지만 외부적인 제약과 대상 요인들을 거론하

면서 변화를 주저하고 있다. 또한 변화에 대한 부담감, 변화 가능성에 대한 낮은 기대와 변화의 부작용들을 떠올리면서 선뜻 변화의 출발점에 발을 내딛기를 꺼려하는 듯하다. 이처럼 내부 혹은 외부 제약으로 변화를 주저하는 경우에는 이런 요소들과 상관없이 목표 달성 시 그려 볼 수 있는 긍정적인 결과를 구체화한 다음, 긍정적인 결과에 결정적으로 영향을 주었을 요인들을 떠올려 보도록 도와줄 수 있다.

THE PSYCHOLOGY OF COACHING

08
목표를 향한
자기 조절 과정을 도와라

1. 목표 관리

주도성 증진에 이은 변화 촉진 과정은 원하는 방향으로의 변화가 본격적으로 진행되는 과정이다. 변화의 출발점에서 변화에 필요한 준비를 하고 자신이 수립한 목표를 기준으로 현재 모습을 평가하여 이들 간의 간극을 줄여나가는 과정, 다시 말해서 자기 조절 과정이 활발하게 진행된다. 이 과정의 목표는 자기 조절 과정에 관여하는 개인 내·외적 요소들을 고려하고 이에 적절한 대응을 함으로써 목표 달성과 함께 만족스러운 성공 체험을 하는 것이다. 특히 피코치가 수립한 목표 달성에 필요한 구체적인 실행 활동들이 진행되는 과정이므로 코치는 행동 변화의 핵심요소와 원리를 이해하여 전문적 지원을 해 줄 필요가 있다. 이전의 어떤 단계보다도 심리적 요인들이 활발하게 작동되는 과정이므로 특히, 정교한 모니터링과 심리학 지식의 효과적인 활용이 요구된다.

최근 코칭심리 관련 문헌들을 보면 코칭의 자기 조절 측면을 강조하고 있다. 예로서 "코칭 심리의 실무에 특히 중요한 것은 목표 설정, 변화의 역동, 웰빙, 자기 조절에 관한 심리학 지식이다."[1] "코칭 과정은 본질적으로 개인의 삶과 일의 영역에서 목적지향적이고 긍정적 변화를 이루어내기 위해 개인적 자원과 대인관계 자원을 조절해 나가는 과정이다."[2] 등의 표현에서 잘 나타나 있다. 자기 조절에 대한 정의는 관련 연구 주제나 학자에 따라 조금씩 차이가 있다. 자기조절은 목적이 있는 과정으로서 기대하는 목표를 향해 나아가는 과정에서 목표와 현재 수준 간의 차이를 줄여 가는 자기 교정적 조정과정이다.[3] 또한 자기 조절은 자기 통제의 한 유형으로서 사람들이 자신이 기대하는 목표를 성취하기 위해 스스로 자신의 행동을 점검 및 평가를 하고 변화된 모습에 대해 스스로 격려하는 과정이다. 즉, 자기 조절 과정에는 자기 점검, 자기 평가 및 자기 강화 과정이 포함되어 있다.[4]

자기 조절 과정에 대한 강조는 코칭이 목표를 향한 단지 일방향적인 프로세스가 아니라 보다 역동적인 과정임을 시사해 준다. 원하는 방향으로의 변화가 일어나는 과정에는 시시각각 변화를 돕거나 혹은 방해하는 내·외부 요인이 존재하므로 개인의 자원을 활용하여 이에 역동적으로 대응하는 과정이 진행된다. 여기서 역동적이라는 의미는, 첫째로 동일한 요인에 대해서도 개인에 따라 달리 반응을 하기 때문에 상황 요인과 개인 특성 간의 복잡한 상호작용이 발생한다는 것, 둘째는 처음에 세운 목표가 재설정되기도 하고 목표달성에 더 적합한 방법으로 행동 계획이 수정되기도 한다는 점, 셋째는 이런 과정에서 피코치가 기존에 갖고 있던 자기상과 자기개념을 포함하는 자기 인식이 변화되고 새로운 자원이 구축된다는 것이다.

자기 조절의 핵심 구조는 다음과 같다. 사람들은 목표를 설정하고 이와 관련된 실행 계획을 수립하며, 계획을 실행에 옮긴다. 그런 다음, 수행 결과를 모니터링하여 기준과 비교하여 평가한다. 이 평가 결과는 목표를 새롭게 조정하기도 하고 실행 계획을 수정하기도 한다. 이러한 지속적인 피드백 과정은 궁극적으로 자신의 목표에 더 잘 도달할 수 있도록 이끌어 준다.[5] 자기 조절 사이클의 중심에는 바로 목표가 있다. 따라서 목표 설정을 어떻게 하는가는 코칭 성과뿐만 아니라 성과에 대한 만족도에도 중요한 영향을 미친다. 이런 맥락에서 코칭에서 목표 관리란 개인의 변화과정을 체계적으로 이끄는 과정이라 할 수 있다.

목표 관리는 크게 목표 설정, 목표 달성을 위한 실행 계획수립 그리고 실행 과정으로 나누어진다. 코칭에서 목표가 왜 필요하며, 어떤 목표를 세우고 어떻게 목표를 세우는 것이 좋을까? 이에 답하기 위해서는 기본적으로 코칭에서 목표의 기능을 이해하고 적합한 목표 설정의 원리를 활용하는 것이 필요하다.

1) 목표의 기능

목표는 기대하는 상태나 결과에 대한 내적 표상(internal representation)이며 코칭 진행과정의 중심이다.[6] "코칭은 변화와 성장을 목표로 한다." "코칭은 목표 지향적인 과정이다." "코칭은 피코치 자신이 원하는 방향으로의 변화를 이루어 낼 수 있도록 지원하는 과정이다." 등 코칭에 대한 다양한 정의들에서 알 수 있듯이 목표는 코칭의 핵심요소다. 잘 알려진 코칭 대화의 틀인 GROW(G: 목표 설정, R: 현실 인식, O: 대안 탐색, W: 실행 의

지 확인)[7]에서도 목표 설정은 가장 먼저 진행되는 단계로서 코칭 대화의
방향을 잡아주고 목표에 대한 집중도를 높여 주는 역할을 한다.

목표의 더 중요한 기능은 방향설정을 넘어 체계적인 변화 과정을 이끄
는 역할이다. 즉, 목표는 사람들의 행동을 모니터하고 평가하며 조정하
기 위한 조절 기제(regulatory mechanism)다.[8] 목표는, 첫째로 어디로 향해
가야 할지를 알려 줄 뿐만 아니라 목표와 현재 출발선과의 차이를 줄여
나가는 데 에너지를 집중시켜 준다. 둘째는 변화 과정에서 새로운 동기
를 유발하고 유지시켜 주는 기능을 한다. 셋째는 코칭에서 목표는 코칭
의 성과를 객관적으로 평가하는 기준이 된다.

2) 목표의 종류

코칭에서의 목표는 그 특성에 따라 다양하게 분류된다.[2] 각각의 목표
마다 특징이 있고 상황에 따른 적합도가 다를 수 있다. 하나의 장기 목표
아래 여러 개 하위 단기 목표가 정해질 수 있으며, 목표 기술의 구체화 수
준에 따라 나뉠 수도 있다. 이전에 하지 않던 새로운 행동을 함으로써 원

〈표 8-1〉 목표의 종류[2]

구분	기준
장기 목표/단기 목표	목표 달성에 걸리는 시간과 노력에 따라
구체적 목표/추상적 목표	목표기술의 구체화 정도에 따라
접근 목표/회피 목표	행동의 방향성에 따라
수행 목표/숙달 목표	목표 달성상태에 따라

하는 것을 얻고자 하는 목표가 있는 반면에 기존 행동의 빈도를 줄이거나 하지 않음으로써 원하는 것을 얻고자 하는 목표가 있다. 예를 들어, 회의시간에 구성원의 의견에 관심과 격려 표현하기는 접근 목표인 반면, 회의시간에 구성원의 발언을 중간에서 자르지 않기는 회피 목표다. 회피 목표는 이처럼 화내지 않기, 말 자르지 않기 등 기존의 행동을 자제하거나 통제하는 쪽에 초점이 맞춰져 있다. 반면, 접근 목표는 의견에 대해 관심 표현하기, 추가 질문하기 등 새로운 행동 레퍼토리를 장착하는 데 초점이 맞춰져 있다.

접근 목표와 회피 목표, 어떤 것이 더 좋은가? 언뜻 보기에는 둘 다 얻고자 하는 것이 비슷해 보일 것이다. 그러나 접근 목표가 달성되면 구성원의 자발적 의사 표현이 늘어날 거라 기대할 수 있는 반면, 회피목표가 달성되면, 구성원들이 더 이상 주눅이 들지 않을 거라 기대할 수 있다. 그런데, 부정적인 요소를 제거하는 것만으로는 궁극적으로 기대하는 활발한 의사 표현이 가능한 회의 분위기를 만드는 데 제한이 있다. 접근 목표와 회피 목표는 관련된 행동의 방향성에서 차이가 있으며, 목표 달성으로 기대할 수 있는 변화의 차원이 다르다. 일반적으로 회피 목표의 경우는 구체적인 행동이나 명시적 행동이 부족하다. 예를 들어, 스트레스를 덜 받는 것, 화내지 않는 것 등이다. 이는 구체적인 행동기술을 포함하고 있지 않고 목표 달성으로 손실이나 부정적 결과를 없애는 데 초점을 맞추고 있기 때문이다. 회피목표를 달성한 후 보다 적극적인 행동을 목표로 하는 접근 목표를 순차적으로 세우는 것도 가능하다.

주어진 과제의 수행 여부에 초점을 두는 목표가 있는 반면, 새로운 발견과 과제 수행을 통해 개인의 능력을 계발하는 데 초점을 두는 목표가

있다. 캐롤 드웩(Carol Dweck)은 이를 각각 수행 목표와 숙달 목표로 구분
하였다.[9] 자신의 능력이 많고 적음을 보여 주려고 애를 쓰거나, 능력은
변화되지 않고 고정적이라는 마인드 셋을 가진 사람들은 수행 목표를 추
구하는 경향이 있다. 반면, 능력이 노력에 따라 달라질 수 있다는 성장 마
인드 셋을 가진 사람들은 숙달 목표를 추구하는 경향이 있다. 관련 연구
결과에 의하면, 성장 마인드 셋을 가진 사람들은 고정 마인드 셋을 가진
사람들에 비해 상대적으로 도전적 이슈나 상황에서도 자존감에 위협을
덜 받으며, 도전적 상황을 오히려 새로운 학습의 기회로 보고 적극적으
로 문제 해결에 몰두하는 모습을 보여 주었다.

2. 목표 설정

목표 관리의 첫 번째 과제는 바로, 목표 설정이다. 목표는 상황의 변화
나 맥락 특성에 따라 변화되고 조정되어야 하는 역동적이고 살아 있는
요소다. 일반적으로 좋은 목표는 도전적이고, 구체적이며, 적정 수준의
난이도를 갖춘 것이라고 한다.[10] 그러나 동일한 목표라 하더라도 맥락에
따라 적절할 수 있고 반대로 제한적일 수도 있다. 혹은 구체적이지 않아
측정이 어렵지만, 개인에게 의미 있는 목표가 될 수도 있다. 그러므로 개
인의 가치나 욕구와 같은 내부 혹은 상황적 제약이나 특성과 같은 외부
요소들을 적극적으로 탐색하면서 정교한 조정작업을 거쳐야 보다 살아
있는 목표 설정이 가능해 진다. 정해진 목표하에 일방향적인 코칭 대화
를 진행하는 경우에는 코칭의 역동성이 저하되면서 기계적이고 틀에 박

힌 매뉴얼 대화로 빠질 위험이 있다.

이처럼 코칭 목표의 수준과 종류에 따라 코칭의 양적 그리고 질적인 성과 및 만족도는 달라질 수 있다. 예를 들어, 구성원들에게 효과적인 피드백하기와 구성원들의 육성을 효과적으로 지원하기는 목표의 수준이 다르고 구체성의 정도가 다르다. 일단 목표가 정해지면 코칭 대화 혹은 자기 조절 과정은 목표를 중심으로 진행되므로, 목표에 따라 경험과 성찰의 범위는 달라질 것이다. 그런데 처음에 '효과적인 피드백하기'라는 목표를 정한 경우라도, 목표 설정의 배경을 탐색한 결과, 코칭 리더십 발휘라는 핵심 욕구와 기대가 확인된다면, 보다 상위 수준의 목표로 조정될 수 있을 것이다. 예를 들어, 코칭 리더십 역량 개발이 상위 목표가 되고 육성을 위한 효과적인 피드백 늘리기가 상위목표를 이루기 위한 하나의 하위 혹은 세부목표로 수립된다. 자연스럽게 코칭을 통한 변화의 폭도 이에 따라 커질 수 있다. 그러나 이와 같은 목표의 포괄 범위와 수준을 고려하지 않는다면, 때로는 구체적인 행동이나 기술 습득으로 만족해야 하는 상황이 발생된다. 코칭은 구체적인 기술 습득을 넘어 변화를 확대해 나가고 지속시켜 나갈 수 있는 잠재력을 키우는 것이다.

1) 목표 설정의 패러독스

최근 코칭에서 목표의 기능과 목표 설정 과정에 대한 문헌들을 보면,[11] 과연 목표 설정이 코칭의 출발점인가 아니면 지속적으로 의문을 가지면서 탐색되어야 할 이슈인가에 대한 논의가 이루어지고 있다. 이는 코칭 초기에 목표가 일단 정해지면 이를 향해 한 방향으로만 나아가는 것이 최선이 아닐 수 있음을 경고하는 것이다. 오히려 성급한 목표 설정이 더 많은 탐색을 제한하거나 개인적으로 더 의미 있는 목표를 건드리지 못하고 눈앞에 보이는 혹은 요구 받은 목표에 집중하게 만들 수 있다는 것이다. 특히 자신이 어디로 향해 가야 할지 방향을 찾는 것 자체가 코칭 목표가 될 수 있는 라이프 코칭의 경우에는 더욱 눈여겨봐야 할 필요가 있다.

이와 같은 논의의 핵심은 목표 설정 자체를 중요하게 여기지 않는다는 것이 아니다. 적절한 목표 설정을 위해 필요한 것이 무엇이며, 일단 목표가 정해진 이후에 범할 수 있는 오류들이 무엇인지에 주의를 기울여야 한다는 점이다. 여기에서는 우선, 어떤 목표가 좋은 목표인지에 관한 일반적인 기준과 함께 목표를 정교하게 조정하는 데 필요한 지침들을 제시하고자 한다.

어떤 코칭 목표가 보다 적합한가? 앞서 소개한 바와 같이, 일반적으로 도전적이고 구체적이며, 적정 수준의 난이도를 가진 목표가 보다 바람직하다고 알려져 있다. 그러나 코칭 이슈와 맥락이 다양해지면서 코칭 목표의 특성도 이보다 훨씬 다양화되어야 한다는 주장들이 나오고 있다. 특히 조직에서 진행되는 코칭의 경우, 목표가 너무 구체적인 경우에는 복잡하고 역동적인 조직 상황을 반영하지 못한 채 주의의 폭을 감소시키고 복잡하고 역동적인 현실 상황을 과도하게 축소해서 보게 만들어 다양한 요소를 광범위하게 탐색할 기회를 줄일 수 있다고 경고한다.[11] 그리고 과도하게 높은 도전적 목표는 더욱 위험하고 모험적인 전략을 시도하게 만들 가능성이 높으며, 구체적이고 명확한 목표일수록 자율적인 동기보다는 외부 보상에 의한 동기 유발에 이끌릴 수 있다.[12]

코치 입장에서도 목표가 단순 명료하고 구체적일수록 변화 과정을 보다 수월하게 모니터링하고 피드백할 수 있기 때문에 이점이 있을 것이다. 코칭 목표가 구체적이고 명확해야 하는 이유는 코칭 목표의 기능과 무관하지 않다. 목표가 구체적으로 기술되어야 목표 달성의 여부를 확인하는 것이 보다 용이할 것이다. 그러나 이런 평가와 모니터링의 기능에만 초점을 둔다면, 코칭에서 가장 궁극적인 지향점이자 깊이 있는 성찰과 학습의 출발점인 목표 설정이 틀에 박히거나 너무 일반적이고 구체적인 내용과 수준으로 정해진다면 이에 따른 대가를 감수해야 할 것이다.

그렇다면 적합한 목표는 어떤 것이며, 어떻게 목표를 설정할 수 있을까? 실제로 리더십 개발 코칭의 단골 목표 중 하나가 경청 능력 개발하기 혹은 효과적인 권한 위임하기다.

첫째, 명시적으로는 동일한 목표라고 하더라도 동일한 코칭 진행이 아니라, 좀 더 개인 맞춤형 과정이 이루어진다면, 목표의 정교화가 가능해진다. 예를 들어, 임원으로서 본인이 생각하는 권한 위임이란 어떤 것인지, 권한 위임으로 기대할 수 있는 효과는 무엇인지에 대한 답은 때로는 팀장의 역량 강화와 임원으로서 더 중요한 역할에 집중하고자 하는 것으로 초점을 전환시켜 줄 수 있다.

둘째, 코칭 목표와 세부 목표를 구분하는 방법이 있다. 효과적인 권한 위임하기가 코칭 목표라고 한다면, 세부 목표로는 구성원의 역량 점검하기, 업무의 우선순위와 중요도 구분하기, 권한 위임 계획과 기대사항을 구성원들과 공유하기 등이 가능할 것이다. 뿐만 아니라 여러 회기로 코칭이 진행되는 경우, 전 회차를 포괄하는 코칭 목표와 각 회차별 목표로 구분하여 구체성의 범위를 조정할 수도 있다. 방법들은 다양하지만, 핵심은 목표 설정이 내재하고 있는 패러독스 요소를 인식하고 이의 부작용에 적절히 대비하는 것이 필요하다는 것이다.

2) 목표의 정교화 과정

피코치를 둘러싼 외부 요인과 개인 내 요인 모두가 목표 설정에 영향을 줄 수 있다. 예를 들어, 신임 임원이라면 새롭게 요구된 역할에 적응하는 것이 자연스러운 목표로 설정될 수 있다. 자극은 이처럼 외부적인 것만이 있는 것이 아니다. 예를 들어, 여러 번 시도한 시험에서 연이어 실패한 후 또다시 재도전을 한다. 리더십 다면 평가 결과에서 몇 년째 반복되고 있는 평균 이하의 사람관리 점수에 대해 더 이상 피해갈 수 없다는 위기감에 사람관리 역량 개발이라는 목표가 정해진다. 그런데 목표의 내용을 결정한 주체가 상황이든 개인이든 상관없이 이렇게 설정된 목표는 일종의 수동적 혹은 대응적 속성을 갖게 된다. 그 이유는 목표에 대한 개인적 의미와 가치를 탐색해 보기 전에 자동적으로 혹은 기계적으로 설정되었기 때문이다.

이런 이유로 데이비드(David), 클러터벅(Clutterbuck)과 메긴슨(Megginson)은 "코칭 목표는 계속적으로 진화된다."라는 말로 목표의 조정 작업의 중요성을 강조하고 있다.[11] 구체적으로 목표 설정 과정에서 맥락에 대한 점검과 탐색 그리고 성찰의 필요성이 강조되었다. 이슈와 목표는 다르다. 이슈와 관련된 자기 성찰과 맥락에 대한 고려 없이 설정되는 목표는 이슈 그 자체이거나 혹은 상황의 요구에 기계적으로 대응하는 목표가 될 가능성이 높다. 그런데 목표의 조정작업이 이루어지면 피코치 개인과 자신이 처한 상황 모두에 가치를 부여할 수 있는 보다 적합한 목표 설정이 가능해질 수 있다. 달리 말하면, 개인맞춤형이면서 현실성이 가미된 코칭 목표 수립이 가능할 것이다. 이에 따라 자연스럽게 목표에 대한 몰입도와 목표 성취에 대한 만족도가 높아 질 것이다.

　데이비드, 클러터벅과 메긴슨이 제시한 목표의 진화 모델[11]을 토대로 심리학 기반 코칭 모델에서 가정하는 목표 정교화 과정은 각각 개별화, 맥락화 그리고 구체화 작업이다. 즉, 일반적으로 주어지는 목표가 아닌 자신에게 중요한 목표인지, 자신이 처한 상황에 적합한 목표인지 그리고 변화 계획을 수립하고 실행이 가능한 구체적인 목표인지를 점검함으로써 목표의 적합성 수준을 높이는 과정이다. 개별화와 맥락화 과정은 잠정적으로 정해진 코칭 목표가 개인의 가치와 얼마나 잘 연결되어 있는 것인지 그리고 주어진 상황 및 역할 수행과 동떨어진 것이 아니라 적절하게 연결되어 기존의 수행에 얼마나 도움이 될 수 있는지를 생각해 보게끔 한다. 그리고 구체화 과정은 여러 가지 세부 목표 간의 우선순위를 정하고 수립한 목표가 달성되었는지를 확인할 수 있도록 목표에 구체적인 행동 서술내용을 포함하고 평가 기준을 정하는 것이다.

　한 예로, 신임 팀장으로서 요구되는 리더십 역량 개발을 목표로 삼았다고 가정하자. 여기서 단지 명시적으로 요구되는 일반적인 리더십 역량 개발에 초점을 맞출 것인가? 예를 들면, 육성 역량, 코칭 리더십 역량, 소통 역량 등이다. 아니면, 이를 넘어서서 현재 업무 특성에 맞고 자신이 추구하는 가치와 리더의 모습을 고려하여 이에 부합하는 모습을 그려 볼 것인가의 차이다. 자신의 성향은 관계지향적이고 개개인의 구성원들을 챙기는 스타일이며, 새롭게 맡은 부서의 주요 미션은 창의적 마케팅 전략수립을 통한 성과 창출이다. 리더로서 중요하게 여기는 가치는 구성원 개개인에 대한 관심과 육성 지원이어서 이러한 역할을 통해 리더로서 만족감을 느낀다. 이 경우에 일반적인 육성 역량 개발이 목표가 되기보다, 구성원의 창의적인 업무 역량 개발을 효과적으로 지원하기 혹은 자발적인 의견 표현 및 의견 개진이 가능한 분위기 조성하기라는 목표가 새롭게 만들어 질 수 있다. 이렇게 조정된 목표는 육성을 중요시 하는 개인의 가치와 잘 부합하며, 현재 주어진 팀의 미션 수행과 밀접한 관련성이 있다.

또한 목표 달성을 위해 개인의 가치를 떠올리고 개인의 성향을 활용한 행동 실행이 진행될 수 있을 것이다. 이러한 개인적 차원의 조정 혹은 목표의 내면화 과정이 이루어진다면 목표에 대한 관여도는 자연스럽게 증가될 것이다. 이것이 바로 피코치 개인의 가치와 역할 그리고 상황을 고려한 목표 조정과정이다. 이에 따라 개인 맞춤형 실행 계획이 수립되고 실행 동기도 높아질 것이다.

또 다른 예로, 리더십 진단 결과, 상대적으로 부족한 부분인 권한 위임을 늘리기라는 목표가 정해졌다. 그런데 이 팀의 업무 특성은 예기치 않은 돌발 이슈가 많이 있어 신속한 의사 결정이 우선순위다. 단순하게 생각해서 효과적인 업무 위임을 어떻게 할 것인가를 목표로 실행 계획을 수립하기 이전에, 권한 위임을 통해 개인적으로 얻을 수 있는 것이 무엇인지, 팀의 성과에 도움이 되는 부분이 무엇인지 그리고 개인적인 가치나 욕구와 어떤 관련성이 있는지에 대해 생각을 해 보도록 하였다. 돌발 상황에 신속하게 대응할 수 있으면서 팀원들도 주인의식을 갖고 일을 할 수 있는 방법이 필요하다는 생각에 이르렀고 개인적으로 중요하게 여기는 성과 지향적 욕구와도 부합이 되어 목표는 새롭게 수립되었다. 팀원 개개인의 역량 개발 지원하기, 주인의식을 갖고 일을 할 수 있도록 자율성 범위를 단계적으로 넓혀 가기, 문제 발생 시 신속한 지원 체계 구축하기 등이 세부 목표로 수립되었다.

마지막으로, 동일한 코칭 목표라 하더라도 변화의 초점, 다시 말해서 목표 달성을 위한 행동 조절방식에 따라 차이가 있다. 히긴스(Higgins)의 조절 초점 이론(regulatory focus theory)에 의하면,[13] 서로 다른 두 가지 조절 체계—향상 초점과 예방 초점—에 따라 사람들이 추구하는 목표 상태와 목표를 달성하기 위해 사용하는 전략 그리고 민감하게 반응하는 정서가 다르다. 향상 초점의 조절 체계를 사용하는 사람들은 지금보다 더 많은 긍정적인 결과와 보상을 얻을 수 있는 방향으로 이끌리며, 목표 달성 여부에 따라 즐거움 혹은 우울감을 경험하게 된다. 반면, 예방 초점의 조절 체계를 사용하는 사람들은 부정적인 결과가 없는 상태를 추구하기 때문에 부정적인 결과를 회피할 수 있는 방향으로 이끌리며, 이러한 목표 달성 여부에 따라 안도감 또는 불안을 경험한다.

궁극적으로 얻고자 하는 것이 비슷해 보일지라도 더 나은 상태를 지향하는지 혹은 문제가 생기지 않는 상태를 지향하는지에 따라 코칭 목표는 향상 지향 목표와 예방 지향 목표로 나뉠 수 있다. 구성원들의 업무에 대한 책임감과 주인의식을 높여 성과 향상을 기대한다고 하자. 예를 들어, 어떤 생산관리 팀장은 생산 과정에서 문제가 생기지 않는 것에 최대한 에너지를 집중시키는 것을 중요하게 여긴다. 이에 따라, 민감한 모니터링 시스템을 더욱 강화하는 쪽으로 방향을 잡는다. 한편, 또 다른 생산관리 팀장은 구성원들이 자신의 맡은 업무에 대해 자발적인 개선 방안들을 내고 이를 적용해 봄으로써 더 높은 업무 몰입도를 이끌어 내고자 한

다. 이처럼 예방지향적인 리더와 향상지향적인 리더의 목표 설정의 방향
은 서로 다를 수 있다.

향상 지향 목표와 예방 지향 목표 중 어느 것이 항상 더 바람직한 것은
아니다. 하지만 사람들은 향상 혹은 예방을 지향하는 성향을 각각 가지
고 있다. 이는 고정된 성향이라기보다 상황에 따라 경험에 따라 변화될
수도 있다. 조직에서 오랫동안 감사 업무를 맡아 온 한 임원은 새로운 시
도를 필요로 하는 도전적인 목표에 때로는 주저하고 조심스러워한다. 반
면, 오랫동안 마케팅 업무를 해 온 다른 임원은 새로운 시도와 도전에 상
대적으로 주저함이 없다. 따라서 개인의 조절 초점 방향에 따라 향상 목
표와 예방 목표에 대한 선호는 달라질 수 있다. 주어진 목표가 피코치의
조절 초점 방향과 상치할 때는 적절한 조정작업에 따른 목표 설정이 필
요하다.

결론적으로, 높은 코칭 몰입도와 실행 동기를 유발하는 코칭 목표는
따로 있다. 첫째는 자발적으로 선택하여 목표에 대한 주인의식을 가질
수 있는 목표, 둘째는 개인의 핵심 욕구와 가치와 연관된 목표, 셋째는 개
별화와 맥락화 그리고 구체화 작업을 거친 목표, 마지막으로 개인의 조
절 초점 성향에 부합되는 방향의 목표다.

3. 실행 계획 수립

코칭의 방향성인 목표가 정해진 이후에는 이와 관련된 현재 상황과 내
부적인 요소들을 탐색하여 목표 달성에 필요한 구체적인 실행 계획이 수

립된다. 목표 달성에 필요한 최대한 많고 가능한 행동 실행 대안을 모으는 것부터 시작하는 데 최종 선택은 피코치가 할 수 있게끔 함으로써 행동실행에 대한 주인의식을 갖게 도와주는 것이 필요하다. 목표 달성을 위한 구체적인 실행 방법에 대한 아이디어가 부족할 때는 전문적 안내[14]를 활용하여 새로운 지식과 정보를 얻어 이를 토대로 자신만의 실행 계획을 만들어 볼 수 있도록 도울 수 있다.

　예를 들어, 마케팅 팀의 리더로서 업무 특성상 창의성 발휘에 도움이 되는 팀 분위기를 조성하고자 한다. 기대사항이 너무나 명확하다 보니, 코칭 목표도 신속하게 '창의적인 팀 분위기 조성하기'로 정해졌다. 그러나 무엇을 갖추어야 창의적인 팀 분위기라고 할 수 있는지, 창의적이라는 것이 구체적으로 무엇인지에 대한 정의도 부족하다. 이런 상황에서는 목표 달성을 위한 실행 계획을 수립하기가 쉽지 않다. 창의적인 팀 분위기라는 추상적인 목표를 구체화할 수 있는 세부 목표가 수립되어야 할 것이며, 때로는 자신의 팀에서 지금까지 경험한 바에 토대를 두고 구체적으로 기대하는 상태를 기술하는 작업부터 시작되어야 할 것이다. 더 나아가 관련된 전문적 정보를 수집하는 작업도 필요할 것이다. 코칭 과정에서 피코치가 명확한 목표를 수립했다고 해서 조금 성급하게 방법을 떠올리게 하고 실행 계획을 서둘러 정하도록 이끄는 경우가 있다. 이렇게 쉽게 떠올릴 수 있는 방법이 있었더라면 코칭 장면에 오지도 않았을 것이다. 코칭 목표와 구체적인 실행 계획 간에는 누구나 쉽게 건널 수 있는 연결 다리가 없다. 기대하는 목표와 관련된 다양한 관점에서의 탐색과 때로는 코치의 전문적 안내를 받으면서 피코치 자신에게 진정으로 필요하고 도움이 되는 그리고 현실적으로 실행 가능성이 있는 높은 행동 계획을 수립하도록 돕는 것이 필요하다.

실행 계획 수립 시 많이 활용되고 있는 틀이 바로 SMART 원칙이다.

Specific(구체적인): 실행 행동과 계획이 얼마나 구체적인가?

Measurable(측정 가능한): 실행 여부를 객관적으로 확인하고 평가할 수 있는가?

Achievable(성취 가능한): 어느 정도 달성 가능한 계획인가?

Realistic(현실적인): 현실적으로 실행이 가능한가?

Time-Bound(기한이 정해져 있는): 실행 시점과 기한이 정해져 있는가?

SMART 원칙 이외에도 여러 개의 실행 계획이 단일 목표하에 서로 연결이 되고 보다 적합한 실행의 우선순위하에 단계적으로 수립된다면 효과가 배가 될 수 있다. 여러 가지 실행 대안 중 상대적으로 포괄 범위가 넓은 것이 가장 우선적인 계획으로 정해질 수 있으며, 점진적으로 실행 범위를 넓혀가는 쪽으로 순서가 정해질 수도 있다. 이외에도 성향상 구체적이고 상세한 기술을 포함한 실행 계획이 잘 맞고 필요하다고 생각하는 사람과 그보다 큰 틀의 행동 목표만 세우고 상황에 맞춰 유연하게 실행을 시도해 보는 것을 더 선호하는 사람의 차이도 존재한다.

실행 내용도 중요하지만, 상황, 대상, 시점 및 평가 기준까지 구체적으로 명시하는 것이 좋다. 일종의 원활한 실행을 위한 정교한 셋팅 작업이라 할 수 있다. 스스로 마련한 셋팅에 몸을 맡기기만 하면 큰 장애 요인이 없는 이상 자연스럽게 행동이 흘러갈 수 있도록 하는 장치가 될 수 있기 때문이다.

코칭에 활용하기

1. 목표의 개별화 작업

[목표와 관련된 개인적 가치와 욕구를 확인하고 연결 짓기]
- 개인적 중요도: 개인에게 얼마나 중요한 목표인가?
- 개인적 가치와의 연결성: 개인적으로 중요하게 여기는 가치와 관련이 있는가?
- 핵심 욕구와 연결성: 목표 달성이 진정으로 원하는 바를 충족시키는 데 얼마나 도움이 되는가?
- 개인적 혜택 기대: 목표가 달성되었을 때 기대할 수 있는 개인적 혜택으로는 어떤 것이 있는가?

[목표와 관련된 개인적 성향 및 행동 방식을 확인하고 연결 짓기]
- 조절초점 성향과의 적합도: 개인의 조절초점 성향과 목표의 특성이 서로 부합되는가?

2. 목표에 대한 맥락화 작업

[목표 달성에 영향을 주는 맥락 요인을 확인하고 조정하기]
- 목표와 관련된 맥락 점검: 목표 달성에 도움이 되는 요인은 무엇이며, 반대로 방해가 되는 요인은 무엇이 있는가?
- 맥락 특성을 고려한 조정: 현재 처한 상황적 특성을 고려할 때 목표가 얼마나 중요한가? 상황의 특성에 맞춰 목표를 어떻게 조정할 수 있을까?

3. 목표의 구체화 작업

[실행에 도움이 되는 행동 구체화와 평가 기준 마련하기]
- 구체성: 목표가 달성된 상태 혹은 결과를 구체적으로 그려볼 수 있는가?
- 우선순위화: 다수 목표들 중 가장 우선적으로 시도하면 더 효과적인 것은 무엇인가?
- 측정 가능성: 목표가 달성된 상태 혹은 결과를 객관적으로 평가할 수 있는가?
- 목표달성에 대한 확인 가능성:목표가 달성되었다는 것을 어떻게 알 수 있는가? 목표 달성 여부를 어떻게 평가할 수 있는가?

THE PSYCHOLOGY OF COACHING

09
변화를 가로막는 저항 요인을
확인하라

1. 실행 관리

목표 관리 과정에서 코칭의 목표 설정과 실행 계획이 수립되면, 이제 본격적으로 변화 실행 단계로 접어들게 된다. 이 단계의 목표는 계획한 행동들을 적극적으로 실행할 수 있도록 내·외부 방해 요인들을 제거하고 행동 실행 과정을 체계적으로 점검하는 것이다. 실행 관리의 주요 내용은 변화에 대한 내적 저항 요인 다루기와 외적 통제 요인 다루기다.

코칭이 여러 회기로 진행되는 경우, 매회는 지난 회기에서 수립한 계획의 실행 여부를 점검하고 관련된 경험들로부터 새롭게 느끼거나 학습한 것을 이야기 나누는 것으로 시작된다. 긍정적인 변화 혹은 시도에 대해서는 인정과 격려를, 그리고 개선이 필요한 부분에 대해서는 기대하는 방향으로의 목표 달성에 도움이 되는 쪽으로 새로운 시도를 독려하는 피드백이 제공된다. 실행 점검 과정의 핵심은 계획한 행동의 실행 여부를 확인하는 것을 넘어서 실행 과정에서의 자기 성찰을 돕는 것이다. 코칭은 특정한 행동을 새롭게 습득하는 것으로 제한되지 않고 목표를 향한 변화 경험을 통해 자신과 자신을 둘러싼 사람들 그리고 맥락에 대한 새로운 성찰과 학습을 하는 것이기 때문이다. 이에 따라 계획한 대로 실행을 한 경우뿐만 아니라 실행을 하지 못한 경우에도 이에 대해 성찰하고 학습할 부분은 있다.

앞서 언급한 바와 같이 코칭은 자기 주도적인 학습 과정이며, 변화를 위한 자기 조절 과정이다. 자기 조절 과정의 핵심요소는 목표 대비 자신에 대한 객관적인 평가와 변화 과정에 대한 꼼꼼한 모니터링, 그리고 피드백이다. 따라서 기대하는 목표 수준과 현재 수준을 반복적으로 비교하고 그 차이가 어디에서 오는 것인지 그리고 그 차이를 어떻게 줄일 수 있는지에 관한 방안들을 적극적으로 찾는 작업이 진행된다.

코칭이 진행되면서 나타나는 양적인 혹은 질적인 행동 변화는 코칭의 성과를 평가하는 다양한 준거 중 상대적으로 가장 중요시된다. 그 이유는, 첫째로 행동은 눈으로 확인할 수 있고 객관적으로 측정이 가능한 것이기 때문이다. 둘째는 코칭에서의 변화 과정은 관점과 인식 변화가 이루어진 후에 행동 변화가 뒤따르는 경우가 대부분이다. 또한 이러한 순서가 가장 지속적인 행동 변화를 보장해 줄 가능성이 높기 때문이다. 마지막으로, 그동안 기대만 하거나 계획만 세우고 결정적으로 실행에 옮기지 못하는 반복적인 사이클에서 벗어나게 해 줌으로써 변화에 대한 자신감을 맛보게 해 줄 수 있기 때문이다.

이런 맥락에서 코치와 피코치는 주요 코칭 목표 달성에 기여하는 구체적인 행동 수준의 실행 계획을 꼼꼼하게 수립한다. 코칭 과정에서 보여 주는 피코치의 행동실행은 코칭에 적극적으로 참여하고 변화를 꾀하려는 실질적인 시도를 하고 있다는 증거다. 즉, 변화 의지의 표현이자 적극적 실천의 증거다. 우리는 외현적으로 나타나는 행동을 통해 변화가 일어나고 있음을 가장 확실하게 확인할 수 있다. 한편, 눈으로 확인할 수 있는 행동 변화가 일어나기까지 이에 선행되는 과정과 결정적으로 행동을 변화시키게끔 만드는 눈에 보이지 않는 핵심 요소들도 존재한다. 그럼에도 불구하고 매번 변화가 필요할 때마다 수도 없이 계획을 세웠지만 실행에 옮기지 못할 때, 우리는 자신의 의지 부족이나 상황 탓으로 돌리는 경우가 많다. 이제 더 이상 이런 안정적이고 개인적인 요인(예: 능력, 성격 등)이나 우리가 통제할 수 없는 외부 요인(예: 상황, 타인 등)으로 돌리지 말자.

2. 내부 저항 요인

우리가 흔히 습관적인 행동들을 쉽게 바꾸지 못할 때 떠올리는 의지 부족 이외에도 눈에 보이지는 않지만 계획한 대로 행동하지 못하게 만드는 내면의 생각과 감정들이 존재한다. 변화를 원하지만 다른 한편으론 변화 과정에서 경험할 거라 예상되는 어려움으로 부담감이 커질 수 있다. 그리고 원하는 행동과 상반되는 기존의 습관적인 행동을 계속 하게끔 만드는 배후 생각들도 존재한다. 이들이 모두 변화에 저항하는 개인의 내적 저항 요인들이다. 구체적으로, 변화에 대한 양가 감정과 암묵적 가정이다. 계획한 변화 실행 과정을 촉진하기 위해서는 이러한 내적 저항 요인들을 적절하게 다루는 전략이 필요하다.

1) 양가 감정 다루기

변화하기로 마음을 먹고 구체적인 목표를 세웠음에도 불구하고 이런 저런 생각과 걱정들이 꼬리에 꼬리를 물고 떠오른다. 변화를 꼭 해야 하나? 지금 당장 해야 하나? 좀 더 나중으로 미루면 안 될까? 변화를 하면, 과연 얼마나 나에게 혜택이 있을까? 생각대로 변화가 쉽게 될까? 변화는 좋은데 그 과정이 너무 힘들지 않을까? 내가 갑자기 변화하면 주위 사람들이 의아해하고 적응이 안 될 텐데……. 등 수많은 기우가 생겨난다. 대표적인 갈등 유형 중 접근-회피 갈등, 일명 '할까 말까'의 망설임이 변화 실행 단계에서 나타난다. 변화의 매 단계와 순간마다 이런 접근-회피 갈등이 존재하고 각각에 따른 긍정적 감정과 부정적 감정이 동시에 나타난다. 변화와 관련된 이런 양가 감정은 변화 준비 단계에서부터 실행 단계에 이르기까지 각 단계마다 각각 초점과 내용은 다르지만 항상 나타날 수 있다.

양가 감정이란 사물이나 사람, 행위에 대해 동시에 존재하는 상호모순적인 태도나 감정을 말한다.[1] 이 상반되는 태도와 감정들이 힘 겨루기를 멈추지 않는 이상 에너지 소모는 커지고 변화의 속도는 더디어질 것이다. 때로는 반짝 성공 후 후퇴가 생길 수 있다. 중요한 것은 어느 한쪽의 손을 들어 주는 것으로 힘 겨루기가 끝나는 것이 아니라는 점이다. 앞서 말한 대로, 변화를 앞두고 경험하는 이런 양가 감정은 지극히 정상적인 것이므로 코칭에서 이런 갈등을 얼마나 신속하게 인지하고 적절한 대응을 하느냐가 매우 중요하다. 피코치로 하여금 이런 경험이 매우 자연스러운 현상임을 알게 해 주고 코치는 어느 한쪽 편에 서는 것이 아니라,

양쪽의 관점과 감정에 대해 수용하고 인정해 주는 것이 좋다. 어느 한쪽에 서서 섣불리 논리적 설득이나 설명을 하는 것은 자칫 변화에 대한 강한 저항을 불러 올 수 있기 때문이다.

다양한 중독행동을 치료하면서 개발된 동기강화 상담 접근[1]은 양가 감정을 탐색하고 해결함으로써 내면에 있는 변화동기를 강화시키는 것을 목표로 한다. 특히 변화에 대한 강한 저항을 다루는데 효과적이다. 동기강화 상담 접근에서는 변화를 하지 않으려는 이유, 즉 현상유지 동기는 첫째로 변화된 상태에 대한 정보 부족, 둘째는 현상유지 이득이 변화 이득보다 더 크게 지각되는 것, 마지막으로 변화 가능성에 대한 낮은 기대에서 나온다고 본다.

동기의 주요 속성은 방향성과 에너지다. 그런데 할까 말까의 갈등으로 방향성이 흐려지고 에너지가 분산되면 변화 의지가 강하더라도 실제 행동 변화를 이끌어 내기가 어렵다. 특히 변화하지 않으려는 동기는 변화와 관련된 걱정과 불안에서 유발된 것으로서 변화에 대한 저항으로 이어질 수 있다. 흔히 이런 걱정과 불안이 근거가 미약하다는 판단에 코치가 논리적으로 설득하거나 이해시키려고 하는 경우가 있다. 동기강화 상담에서는 이를 '교정 반사 행동'이라고 한다.[1] 교정 반사 행동은 피코치로 하여금 더 큰 저항을 불러일으킬 수 있다. 구체적으로 양가 감정을 탐색하고 이를 해결하는 데 필요한 다양한 전략과 기법을 살펴보자.

코칭에서 많이 활용되는 결정저울 기법도 양가 감정과 관련된 것이다. 그러나 결정저울 기법은 현재 상태와 변화 상태를 비교하거나 두 개 대안의 양쪽 장단점을 비교하는 작업으로서 변화의 초기 단계에 사용되는 기법이다.[2] 일단 변화 방향이 정해지고 구체적인 행동 목표가 정해진 이

후에는 결정과 관련된 갈등이라기보다는 실행과정에서의 갈등이 더 두
드러진다.

동기강화 상담에서는 유지대화와 변화대화를 구분한다. 실행 단계에
서 나타나는 양가 감정의 해결을 돕기 위해서는 피코치가 변화를 촉진하
는 방향의 의사 표현을 더 자발적으로 그리고 더 많이 할 수 있도록 돕는
것이 필요하다. 즉, 코치의 역할은 피코치가 변화와 관련된 표현을 할 때
더 많은 관심과 지지를 해 주는 것이다. 이를 위해 피코치의 다양한 표현
중에 변화와 관련된 의지, 열망 혹은 변화된 모습에 대한 표현을 구별할
수 있도록 도와줄 수 있다.

동기강화 상담에 의하면, 상담을 받는 내담자가 양가 감정을 해결하
고 변화하는 방향으로 스스로 설득(변화 대화)함으로써 양가 감정이 해
결된다고 한다. 여기서 스스로 설득을 한다는 의미는 자신의 말을 통해
자신의 생각과 의지를 확인하게 되고 이에 따라 변화에 대한 자신의 태
도가 확인된다는 것이다. 벰(Bem)의 자기 지각 이론에 의하면, 사람들은
자신의 태도가 아직 불확실할 때는 스스로의 행동을 관찰함으로써 자신
의 태도를 결정한다고 한다.[3] 피코치가 변화에 대한 열망과 변화의지를
말하고 이와 관련된 행동을 보여 주는 것은 이런 의미에서 중요하다. 피
코치는 변화와 관련된 자신의 말과 행동을 스스로 관찰하면서 변화에
대한 긍정적 태도를 확인할 수 있다. 코치는 실제로 피코치가 보여 주는
이런 중요한 증거들에 선택적으로 주의를 기울이고 강조함으로써 피코
치 스스로 변화 실행의 방향에 대한 확신을 갖도록 도움을 줄 수 있다.

양가 감정을 유발하는 상황은 다양하다. 대표적으로 변화 상태에 대
한 구체적인 그림이 그려지지 않아 기대감이 높지 않은 경우, 현상 유지

가 변화 이득보다 더 크게 느껴져 변화를 해야 하나 말아야 하나 망설이
는 경우, 그리고 변화에 대한 기대감이 낮은 경우다. 각각의 상황에서 효
과적인 접근 방법들을 살펴보자.

- **변화상태에 대한 정보가 부족하거나 목표달성 시의 모습이 불명
  확한 경우:** 한 번도 시도해 보지 못한 변화 영역이라서 막연한 기대
  감에 목표는 정했으나 변화 노력으로 얻을 수 있는 구체적인 모습
  이나 상태가 그려지지 않는 경우가 있다. 이럴 때는 최종 변화가 나
  타나기 전까지 오랜 시간 동안 변화 동기를 지속적으로 유지하기가
  어렵고 중도에 포기할 가능성도 높다. 이런 경우에는 목표 설정 시,
  더 많은 정보 수집이나 간접적인 경험으로 변화 이미지를 보다 구
  체화할 수 있도록 도와주는 것이 좋다. 또한 여러 개의 실행 계획을
  최종 목표 달성으로 이어지는 연결 고리의 형태로 만들어 단계적
  인 실행 과정이 진행되도록 도와줄 수 있다. 최종 목표는 아직 멀어
  도 실행 계획이 하나씩 실행으로 옮겨짐에 따라 최종 목표로 조금
  씩 다가가고 있다는 생각이 목표를 향한 동기를 유지하는 데 도움
  이 될 것이다.

- **현상 유지 이득을 변화 이득보다 더 크게 지각하고 있는 경우:** 현
  상 유지로 인한 이득은 변화 과정에서 경험하는 부가적인 스트레스
  를 회피 혹은 감소함으로써 얻을 수 있는 보상이다. 반면, 변화 이
  득은 새로운 도전과제 성취로 얻을 수 있는 만족감이다. 이들이 서
  로 질적으로 다른 보상임을 이해하는 것이 중요하다. 또한 현상 유

지의 욕구는 변화 과정에서 나타날 수 있는 예상치 못한 부정적 효과를 염려하는 경우에 더 강해질 수 있을 것이다. 특히 예방 지향적 성향이 강한 사람들은 이런 갈등 상황에서 더 움직이지 않으려고 할 가능성이 높다. 이들은 긍정적으로 얻는 것보다 부정적인 결과를 최소화하는 것이 더 중요하다고 생각하기 때문이다. 그러나 현상 유지의 이득과 변화 이득은 서로 질적으로 다른 차원이다. 따라서 각각을 양적으로 비교하면서 어느 한쪽 방향으로 결정을 내리는 것은 별 의미가 없다. 단지 어느 쪽에 개인적으로 더 많은 관심과 주의가 기울여지고 있는지의 차이다. 예방지향적인 성향이 강한 사람들에게는 변화 이득만 강조하고 이를 정확하게 인식하도록 돕는 것만이 최선이 아닐 것이다. 오히려 현상 유지가 자신에게 얼마나 중요한지 그리고 구체적으로 어떤 예상되는 걱정이 있는지를 관심 있게 물어보는 것이 도움이 될 수 있다. 그런 예상되는 어려움을 한두 가지라도 함께 실제적으로 해결할 수 있는 방안을 만드는 것이 변화 이득으로 주의를 전환하는 데 도움이 될 것이다.

• **변화 가능성에 대한 기대감이 낮은 경우**: 실제로 변화된 행동을 수행했거나 성공경험을 하기 전에는 변화 가능성을 객관적으로 추측하기가 어렵다. 따라서 이런 현실적인 제한점들을 상기하면서 주관적인 근거나 기준으로 섣불리 예측하지 않도록 돕는 것이 필요하다. 또는 이전에 현재 코칭 목표와 관련된 성공 경험들을 떠올려 보기, 현재 목표 달성에 도움이 되는 이전의 성취경험들을 연결 지어 보기, 상황이나 목표가 다르더라도 안정적으로 발휘할 수 있는 핵

심자원들을 확인해 보기 등이 가능성 기대 수준을 상향 조정하는
데 도움이 될 것이다.

2) 암묵적 가정 다루기

변화에 대한 필요성을 인지하고 나름의 노력을 기울이고 있지만, 이런
노력과 의지에도 불구하고 기대만큼 변화계획이 실행으로 이어지지 않
는 경우가 많다. 과연 개인의 의지나 성향의 문제일까? 그 외 다른 요소
가 있다면 무엇이 있을까?

첫째, 변화 목표와 계획을 다시 점검해 볼 필요가 있다. 조직의 많은
리더는 문제 해결적인 접근에 익숙해 있기 때문에 직면한 상황에 적절하
게 대응하기 위해서 관련된 정보와 기술 차원의 접근을 취하기 쉽다. 예
를 들어, 리더십 다면 진단에서 '경청'이 부족하다는 결과는 '경청 잘하기'
혹은 '말을 자르지 말고 인내심을 갖고 듣기'라는 실행 계획으로 이어지
는 경우를 볼 수 있다. 부족한 기술을 습득하는 것에 초점을 맞춰 목표를
수립하는 대표적인 예다. 그런데 여기서 한 단계 앞으로 더 나아가 보자.
예를 들어, 경청이 늘어나면 구성원들과의 업무 소통에 있어서 지금과
비교해서 무엇이 달라질까? 경청을 잘하게 되면, 어떤 면에서 구성원들
의 만족도가 높아질까? 라는 질문에 대한 답을 해 보는 것이다. 구성원들
뿐만 아니라 리더 자신이 진정으로 원하는 것이 단순히 경청 기술을 장
착시키는 것일까? 아니면 소통 시 구성원이 존중 받는다는 느낌이 들고
자발적인 의사표현을 더 늘려가길 원하는 것일까? 이와 같은 질문에 답
하는 과정에서 변화의 초점과 차원이 달라진다. 좀 더 근본적인 변화 차

원에 초점이 맞춰짐에 따라 코칭 목표와 범위는 훨씬 다양해지고 넓어질 수 있다. 즉, 코칭 목표는 경청 능력을 개발하기에서 구성원들을 존중하고 자발적인 의사 표현을 늘리는 소통 역량 개발로 바뀔 수 있다. 경청 늘리기 혹은 인내심을 갖고 듣기는 이러한 코칭 목표 하에 세부 목표 혹은 행동실행 계획으로 포함될 수 있다.

둘째, 변화하고자 하는 행동이 리더 스스로 진정으로 원하고 기대하는 것임에도 불구하고 실행이 잘 되지 않는 이유를 점검해 볼 필요가 있다. 변화 실행을 가로막는 다양한 저항 요소 중에는 우리가 쉽게 의식하지 못하는 숨겨진 요소들이 있다. 정말 열심히 운동해서 근사한 몸매와 체력을 갖고 싶다고 하지만, 늘 퇴근길에 헬스클럽을 가지 않고 곧장 집으로 간다. 퇴근길에 열심히 운동을 하고 집에 가면 어떨 것 같으냐는 질문에 보람을 느끼긴 하겠지만, 힘들어서 다음 날 컨디션에 지장을 줄 것 같아 좀 염려가 된다고 한다. 특히 다음 날 중요한 일정이 있는 경우에는 특히 더 그렇다고 말한다.

경청이 구성원들과의 소통에 기본이라고 생각하지만 그 순간 잊어버리거나 아직 습관이 되지 않은 것인지 자꾸 본인의 얘기를 한다. 구성원의 얘기를 잘 들어주면 어떤 점이 걱정스러운가? 염려되는 것이 무엇인가? 라는 질문에 "잘 들어주면, 자신의 말이 맞는 줄 알고 엉뚱한 방향으로 자꾸 얘기를 할 것 같아서"라는 답이 나온다. 이는 기대하는 변화를 위해 실행한 행동이 오히려 자신이 염려하는 상황을 초래할 거라는 생각에서 나온 것이다. 이러한 걱정거리는 사람들마다 제각기 갖고 있는 암묵적인 가정이나, 더 기저에 있는 뿌리 깊은 신념체계에서 나온다. 드러내 놓고 얘기하지는 않지만, 그리고 존재가 눈에 보이지는 않지만, 우리의 생각과 행동에 영향을 주는 일종의 중요한 배후 세력이다. 이러한 배후 세력의 존재를 모른 채 행동만 바꾸려고 하는 것은 일시적이고 피상적인 변화에만 머무르게 만들 수 있다. 그리고 계획한 행동의 실행 실패를 계속 개인의 의지 부족과 실행력 부족으로만 귀인하게 만들 수 있다.

'경청을 잘하려고 하는데 잘 안 되는 이유가 무엇일까?' 눈에 보이지 않는 리더의 속마음, 즉 암묵적 가정을 확인해 보자. '잘 들어주면 상대방이 자신의 말이 맞는 줄 알고 엉뚱한 얘기를 할까 봐'라는 걱정은 실은 '정해진 시간 안에 목표에 초점을 둔 효율적인 대화를 해야 한다.' '잘못된 부분은 즉각 수정하여 알려 줘야 한다. 그게 유능한 리더의 모습이다'라는 개인의 암묵적 가정에서 나온 것일 수 있다. 사람들마다 개인적으로 갖고 있는 숨겨진 가정들은 개인의 경험을 통해 확증이 되면서 점차 굳어진다.

심리학에서 말하는 스키마가 바로 이것이다. 스키마는 우리가 정보를 수집하고 상황을 지각하며 경험을 해석할 때 매우 유용하게 쓰인다. 스키마는 우리의 정보 처리 속도를 높이고 상황에 대한 명확한 인식을 하는 데 도움을 준다. 이러한 순기능도 있는 반면, 스키마는 추가적인 정보를 구하거나 관련 근거를 확보하려는 노력을 덜 기울이게 만듦으로써 판단과 지각의 오류로 이끌 수 있다. 스키마는 처음에는 가설 혹은 가정으로 시작되었으나 개인적인 경험을 통해 점차 확고한 믿음으로 변하게 된다.

암묵적 가정을 점검해 보는 것은 예를 들어, 효과적인 경청 방법에 초점을 두고 다양한 스킬과 행동 레퍼토리를 보완하는 것과 다음과 같은 차이가 있다. 방법 혹은 실행 계획에 초점을 두는 것이 아니라 행동 계획을 실행에 옮기는 사람에 초점을 맞추는 것이다. 또한 행동 레퍼토리라는 새로운 소프트웨어가 장착되어 작동되는 리더 개인의 운영 체제를 점검해 보는 것이다. 단순한 기술 습득의 '학습'과 새로운 적응 체계의 '개 발'은 구분되어야 할 것이다. 자전거를 타는 방법을 배우고 기계 조작 방 법을 배우는 것이 기술적 도전과제라면, 우리가 현실에서 직면하게 되는 변화를 위한 도전은 적응적 도전과제로서, 이것은 각자가 가지고 있는 마인드 셋과 사고 체계의 전환을 요구한다.[4]

경청을 위한 의식적인 노력을 기울이는데도 불구하고 기대하는 효과 를 얻지 못하는 경우라면, '우리 업무 특성상 신속한 의사 결정이 중요하 다' '들어도 별로 좋은 의견이 나오지 않는다' '몇 마디만 들어도 무슨 말 을 하려는지 알고 있다' '유능한 리더라면 효율적으로 문제 해결을 해야 한다'라는 숨겨진 가정이 바로, 경청을 방해하는 요인일 가능성이 있다. 이렇게 경청 행동을 방해하는 암묵적 가정이 있다면, 경청 방법에 몸이 익숙해지게끔 노력을 기울이기보다는 리더 개인의 사고 체계를 현재 상 황에 적합하게 조정해 가는 쪽으로 노력을 기울이는 것이 필요할 것이 다. 단순한 기술의 습득이 아닌 개인의 성장과 발전을 위해서는 피코치 자신에게 필요한 변화과제가 기술적 도전과제인지 혹은 적응적 도전과 제인지를 먼저 점검해 보는 것이 필요하다.

로버트 케건(Robert Kegan)은 하버드대학교 석좌교수로서 오랫동안 성 인의 능력 개발에 관한 연구를 해 온 발달심리학자다. 그가 말하는 변화 에 대한 면역체계(Immunity to change)라는 개념은 마치 외부 병균으로부 터 몸을 보호하는 개인의 신체적 면역체계와 유사하다. 외부에서 변화를 요구하는 도전이 주어질 때 사람들의 내면에는 이에 대항하려는 일종의 심리적 면역체계가 작동한다. 심리적 면역체계는 신체적 면역체계와 마 찬가지로 우리의 정신세계를 안정적으로 유지하도록 하는 순기능을 갖고 있다. 하지만, 새로운 변화를 요구받을 때, 우리는 이런 기존의 심리적 항상성을 유지하려는 시스템의 존재를 인식하지 못한 채, 외부의 도전에 기계적으로 맞대응 하는 경우가 발생할 수 있다. 로버트 케건은 또한 리더십 개발은 인간발달에 관한 심도 있는 이해 없이는 단순한 리더십 기술 훈련으로 제한될 수 있음을 경고한다. 사람들은 변화하고자 하는 일종의 도전을 마치 물리적인 상황에 대항하고 극복해 나가는 것으로 생각하고 이를 위한 새로운 스킬이나 행동 레퍼토리를 확보하려고 하는 경우가 있다. 새로운 지식과 기술은 일정 범위에서 효과를 발휘할 수 있을지 모르나, 이를 사용하는 사람의 운영 시스템 자체를 이에 맞춰 조정하지 않으면, 그 효과는 제한될 수 있다. 이는 마치 운영 시스템은 그대로 놔둔 채 새로운 소프트웨어만 늘려가며 장착하려는 것과 유사하다.

우리가 일상적으로 접하는 변화 도전들을 기술적 도전과 적응적 도전으로 분류할 수 있다고 말하는 로널드 하이페츠(Ronald Heifetz)[5]에 의하면, 많은 조직의 리더가 적응적 도전과제를 해결하기 위해 기술적 수단을 사용하는 실수를 범하고 있다는 것이다. 또한 이 두 가지 과제를 구분하기 위해서는 문제에 초점을 두는 것에서 벗어나 문제를 가진 사람으로 초점을 전환해야 한다고 강조한다. 이는 앞 장에서 소개한 전체론적인 관점과 관련된 것으로서 변화하고자 하는 사람에 대한 깊이 있는 이해가 수반된다면 기대하는 방향으로의 변화 촉진에 보다 힘을 실을 수 있을 것이다. 또한 목표의 맥락화와 성찰 과정을 언급한 데이비드와 클러터벅과 메긴슨의 견해[6]와도 맥을 함께한다. 단지, 차이점은 암묵적 가정의 경우, 목표 설정 및 실행 계획 수립 단계를 지나, 실제 실행단계에서 저항을 유발하는 요인으로 작용한다는 점이다. 이들의 공통점은 근본적인 변화

〈표 9-1〉 변화와 관련된 도전과제의 유형[5]

유형	특징	변화의 초점
기술적 도전과제	-반복학습과 프로세스를 통한 습득 예: 협상, 소통, 기계 작동 기술 습득	-부족한 부분 혹은 문제 그 자체에 초점 -새로운 기술 습득에 초점
적응적 도전과제	-마인드 셋의 전환을 통한 성숙 및 성장 예: 상황 및 역할 변화에 따른 가치, 욕구, 방향성의 전환 및 다양화	-부족함 혹은 문제를 가진 사람에 초점 -변화를 요구받는 사람의 내면의 작동체계를 바꾸는 것

를 이끌기 위해서는 소프트웨어가 아닌 이것이 장착되는 특정 개인이라는 운영체제의 이해와 변화가 무엇보다 중요하다고 강조하는 것이다.

3. 외부 통제 요인

양가 감정 및 암묵적 가정 다루기가 행동 실행을 가로막는 눈에 보이지 않는 내부 요인에 초점을 둔 것이라면, 행동 통제력 키우기는 행동 유발에 영향을 주는 외부 요인들을 확인하고 이를 관리하는 방법이다.

행동주의 심리학 접근은 객관적으로 관찰할 수 있고 측정이 가능한 행동을 주된 연구 주제로 삼는다. 행동주의 관점에 의하면, 사람들의 행동은 자극-반응 간의 연합 원리에 의해 학습된 것이며, 긍정적 행동이든 부정적인 행동이든 모두 동일한 학습원리에 의해 습득된다. 아울러 이렇게 습득된 행동을 없앨 때에도 동일한 학습 원리가 작동된다. 이는 사람들의 행동은 환경 자극에 의해 유발되므로 환경자극을 통제함으로써 행동을 통제할 수 있다는 가정에 기초한 것이다.

행동주의 관점에 토대를 둔 상담 접근은 행동 수정 혹은 행동 치료라고 불린다. 행동 치료 접근(행동 수정)은 심리적 부적응 상태나 행동을 다룰 때 행동을 하는 사람의 내면 욕구나 갈등을 분석하기보다 부적응 행동 그 자체와 행동 변화에 초점을 둔다. 구체적으로, 행동 치료에서는 행동의 빈도를 증가 혹은 감소시키기 위해 행동이 나타나는 맥락을 변화시키는 것에 중점을 둔다. 예를 들어, 특정 행동을 유발하는 선행 조건과 행동 뒤에 따르는 후속 조건을 변화시키는 것이다.

1) 행동에 대한 기능적 분석

행동 수정 과정은 변화하고자 하는 행동의 선행 조건 및 후속 결과 간의 연결 고리를 확인하는 작업부터 시작된다. 대부분의 습관 행동은 아무 맥락 없이 그냥 생겨난 것이 아니다. 특정 행동의 빈도를 줄이거나 혹은 새로운 행동의 빈도를 높이는 데에는 이에 수반된 전후 요인들이 존재한다. 전후 수반 요인들은 특정 행동과 밀접하게 결합되어 있어 행동의 유발에 결정적 역할을 한다. 행동이 특정 자극 및 결과와 서로 함께 연결되어 움직이므로 특정 행동과 관련하여 유관성 혹은 수반성(contingency)이 존재한다고 말한다. 이러한 유관성 혹은 수반성을 객관적으로 확인하는 과정이 바로 기능적 분석(functional analysis of behavior)이다.[7] 본격적인 행동 수정 프로그램을 시행하기 앞서 변화하고자 하는 행동에 영향을 주는 개인과 환경적인 요소들을 확인하고 이들과 행동 간의 인과관계를 분석하는 것이다. 평소에 부적응 행동을 얼마나 보이는지에 대한 양적인 평가(기저선 확인)와 부적응 행동유발과 유지에 기여하는 선행 요인 및 후속 요인들을 분석하는 과정이 바로 행동에 대한 기능적 분석 과정이다.[8]

예를 들어, 리더의 과도한 팀원의 업무 체크는 중요한 업무상 오류가 발생할까 봐 불안한 마음이 들 때면 여지없이 증가된다. 또한 팀원의 업무를 꼼꼼하게 체크하고 때로는 리더가 직접 마무리할 때면 거의 문제가 생기지 않는 상황이 반복된다. 이 경우, 불안한 마음은 특정 행동(과도한 업무 체크)을 유발시키는 선행 자극이 되고 완벽한 업무 완료는 특정 행동을 강화하는 요인이 된다. 결과적으로 선행 자극이 더 많아질수록, 그리고 강화가 더 즉각적으로 주어질수록 꼼꼼한 관리 행동이 증가될 수밖에 없고 이에 따라 이들 간 연결고리는 점차 강해진다. 그러므로 특정 행동을 변화시키기 위해서는 이와 연결되어 자동적으로 작동되는 요인들을 확인해 보는 것이 필요하다.

원하는 목표 행동을 실행하기 위해서 선행되어야 하는 연계된 행동

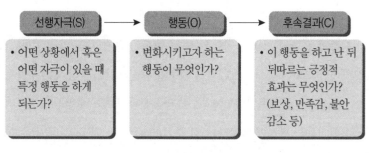

[그림 9-1] 기능적 분석을 위한 틀

이 있다면 단계적으로 행동계획을 수립하는 것이 중요하다. 이는 조형
(shaping)이라는 행동 수정의 원리에 따른 것이다. 돌고래의 정교한 행동
은 최종 목표 행동에 접근하는 단계적인 행동들을 강화함으로써 가능해
진다. 상대방의 말을 경청하기 위해서는 우선, 관심을 갖고 주의를 기울
이는 행동이 선행되어야 한다. 그런 다음 정확하게 듣기, 숨은 의미를 파
악한 후에 마지막으로 전달 받은 내용을 말로 표현하기로 마무리가 된
다. 이처럼 여러 행동이 마치 사슬처럼 연결되어 있는 경우에는 보다 정
교한 행동 실행계획을 수립하여 최종 목표로 하는 행동의 실행 가능성
을 높여야 한다. 이처럼 목표로 하는 특정 행동과 관련하여 새롭게 연결
고리를 만들거나, 특정 행동을 없애기 위해서는 기존에 만들어진 연결
고리를 끊어야 한다. 그렇지 않으면 단순히 기존의 행동 빈도를 줄이는
것이 어려울 뿐만 아니라 일시적으로 줄어든다 하더라도 연결 고리가
없어지지 않는 한 또다시 증가될 가능성이 있기 때문이다.

2) 행동의 연결 고리 끊기

특정 행동에 대한 기능적 분석을 토대로 특정 행동과 관련된 선행 요
인과 후행 요인을 확인한 다음에는 각각의 연결 고리를 끊는 과정이 필
요하다. 선행 요인과 행동 간의 연결 고리를 끊는 작업은 자극 통제 방법
이며, 행동과 후속 요인 간의 연결 고리를 끊는 작업은 결과 통제 방법이
다. 예를 들어, 과음 습관을 없애는 것이 목표라고 하자. 기능적 분석을
통해 과음 행동을 선행하는 요인들이 확인되었다. '어떤 상황에서 과음
행동을 하는가'라는 질문을 통해 과음 행동으로 이끄는 선행 요인들이

확인되었다. 또한 과음 행동 후 불편한 신체적 증상과 후회를 함에도 불구하고 과음 행동을 계속하게 만드는 강화 요인도 확인되었다. 이는 과음 행동 이후 긍정적으로 얻을 수 있는 보상이나 이득으로서 과음 행동의 빈도를 유지 혹은 증가시키는 요인이다. 선행 요인과 강화 요인은 과음 행동인 문제 행동과 강한 연결고리를 형성하여 과음 행동이 지속 혹은 증가하도록 만드는 것이다. 따라서 문제 행동을 줄이거나 없애기 위한 방법은 바로 이들 간의 연결고리를 끊는 것이다.

과음 행동을 하게 만드는 주요 요소가 스트레스나 사교적 모임이라고 하자. 그런데 스트레스 유발 상황을 없앨 수 없거나 혹은 업무와 생활의 활력소가 되는 사람들과의 모임을 줄이기가 어렵다면 스트레스를 풀 수 있는 대안적인 방법을 습득하거나 다양한 사교 모임의 형태를 시도해 보는 것이 가능하다. 그리고 과음 행동 후 긍정적으로 경험할 수 있는 일시적인 스트레스 해소 및 감정적 유대감 증가와의 연결고리를 끊기 위해서는 마찬가지로 동일한 효과를 얻을 수 있는 대안 행동을 습득하는 것이 가능하다.

예를 들어, 타 부서와의 협업이 중요한 부서의 팀장이 주요 논의 회의 시 감정 조절이 잘 안 되어 어려움을 많이 겪고 있다. 감정이 고조되고 목소리가 커지는 행동은 기껏 잘 준비한 논리를 제대로 전달하지 못하는 상황이 벌어지게 만든다. '버럭 행동'이 더 자주 나타나는 상황을 분석해 본 결과, 상대방이 논리적 근거가 부족한데도 불구하고 강한 주장을 할 때, 상대방이 자신의 말에 경청하지 않을 때와 같은 선행되는 상황이 확인되었다. 그 외에도 본인의 논리가 상대방에게 정확하게 전달되지 못하고 있다는 느낌이 들 때 여지없이 감정 조절이 잘 안 된다는 것이다. 코치는 피코치와 함께 이 선행 요인과 버럭 행동 간의 강한 연결 고리를 끊기 위한 방법을 찾을 수 있을 것이다. 예를 들어, 상황을 주관적으로 판단하기 전에 여러 가지 요소를 고려해 보기, 상대방의 논리상 허점에 대해 말로 정확한 피드백을 전달하기, 자신의 말에 주의를 기울일 수 있도록 중간중간 확인 질문을 하기 등으로 오랫동안 습관적인 행동과 강하게 결합되어 있는 연결고리를 끊는 방법이 도움이 된다.

동일한 상황에서 이런 대안적인 행동으로 대응함으로써 긍정적인 결과를 얻게 되면 특정 상황과 대안 행동 간의 새로운 연결고리가 생겨난다. 이런 새로운 연결고리를 형성하는 방법은 특정 행동을 유발하는 상황 자체를 없애거나 피하기 어려운 경우에 효과적이다. 현실적으로 업무 상황에서의 스트레스를 단번에 줄이거나 피하기 어려운 경우에는 건강에 해로운 행동이 아닌 운동이나 다른 취미 활동으로 스트레스를 관리하는 방법이 있다. 반면에 특정 행동을 유발하는 상황을 회피하거나 제거할 수 있는 경우라면, 상황 유발에 영향을 주는 요소를 줄임으로써 상황과 행동 간의 연결고리를 약화시킬 수 있다. 앞서 든 예에서 자신의 말에 주의를 기울일 수 있도록 중간중간 확인 질문을 하기가 바로 여기에 해당된다.

코칭에 활용하기

1. 양가 감정 다루기

〈사례〉

A 상무는 업무 위임을 하기 위해 지난 회기 이후 2주 동안 본인의 업무 중 기초 업무를 팀장에게 맡겨서 처리하도록 하고 있다. 사실 업무 위임의 목적이 임원으로서 더 중요한 업무에 집중하고 새로운 업무를 창출해 내기 위한 것이었으나, 업무를 맡기는 것 자체가 본인에게는 스트레스라고 말한다. 본인이 처리하면 하루면 되는 일을 맡기다 보니 계속 신경이 쓰이고 일은 지연되고 있기 때문이다. 필요하다는 생각에서 하긴 하는데, 얼마나 지속할 수 있을지는 의문이 든다고 말한다.

1단계: 반영적 경청하기(어느 한쪽 편에 서지 않기)
　　 -변화하면 좋은 점도 알고 있지만 한편으로 효율성면에서 스트레스
　　 도 많이 받고 있네요.

2단계: 원인에 따른 접근 방법

[변화된 모습이나 상태에 대한 명확한 그림이 그려지지 않은 경우]
* 변화된 상태(목표 달성 시의 모습이나 상황)에 대한 정보 수집하기: 주
  변 인물들의 관찰과 관련 정보 수집 지원하기
* 변화 시도 과정에서 나타난 긍정적인 면(혹은 작은 변화)에 초점 맞추
  기: 이전과 달리 어떤 준비를 하였는가? 실행 시도 후 조금이라도 달
  라진 모습은 어떤 것이 있는가? 기대했던 반응 중 팀원이 보인 것이
  있는가?

- 현재 상태와 실천 과정에 대한 성찰 돕기: 변화된 행동을 하는 자신을 보고 어떤 생각을 했는가? 일부의 성과에 대해 어떤 생각이 드는가? 새롭게 확인한 것은 무엇인가? 지금까지 이행한 결과(부분적 실행)를 명확하게 공유하고 피드백하기

[현상 유지 이득이 변화 이득보다 더 크게 지각되는 경우]
- 예방초점 지향의 경우: 변화 과정에서 확인된 예상못한 손실 요소들을 예측하고 철저하게 준비하는 방향으로 실행 계획 조정하기
- 향상초점 지향의 경우: 변화 과정에서 확인된 예상치 못했던 긍정적인 효과에 관심을 갖고 이와 관련된 실행 계획 수립하기

[변화 가능성에 대한 기대가 낮은 경우]
- 이전의 유사한 성공 경험 확인하기: 최근에 사전 계획 없이(예: 어쩔 수 없는 상황으로) 업무 위임을 하게 된 경우가 있는가? 전체는 아니더라도 특정 업무의 일부를 맡겨 본 적이 있는가?
- 목표 행동과의 연결 고리 확인하기: 목표로 하는 변화행동과 작은 연관된 행동을 연결 시키기, 업무를 맡기는 데 결정적으로 도움이 되는 사전 작업이나 행동이 있는가? 있다면 어떤 것인가?

2. 암묵적 가정 다루기

1단계: 실행과정에 대한 분석을 토대로 암묵적 가정과 핵심 욕구 확인하기
　(1) 실행하기로 계획한 행동 기술하기
　(2) 실제 보이는 행동 기술하기
　(3) 계획한 행동을 하게 되면 염려되는 점 확인하기
　(4) 염려와 관련된 생각(암묵적 가정) 확인하기
　(5) 암묵적 가정과 관련된 핵심 욕구 확인하기

〈예시 1〉

변화과제/ 목표	절주로 건강 관리하기			
(1) 실행 계획	(2) 현재 모습	(3) 관련된 염려/걱정	(4) 암묵적 가정	(5) 핵심 욕구
음주량을 줄이기	주 5회 꾸준히 마시고 있다.	사람 만날 기회가 줄어들면 이 나이에 외로워서……	술자리는 스트레스 해소와 인간관계 유지에 중요한 요소다.	나는 나이가 들어도 주위에서 나를 찾는 사람이 되고 싶다.

〈예시 2〉

변화과제/ 목표	권한위임을 통한 구성원의 역량 강화하기			
(1) 실행 계획	(2) 현재 모습	(3) 관련된 염려/걱정	(4) 암묵적 가정	(5) 핵심 욕구
단계적으로 업무 위임을 하고 인내심을 갖고 지켜본다.	• 자꾸 잊어버리고 습관대로 한다. • 기한을 맞추기 위해 직접 한다.	• 생각보다 지연될 것 같다. • 아무래도 완성도가 떨어질 것 같다.	• 기한 내 처리가 무엇보다 중요하다. • 문제가 생기면 내 책임으로 이어진다. • 리더는 성과를 내야 하는 사람이다.	• 나는 주어진 업무를 완벽하게 수행하는 유능한 리더가 되고 싶다.

2단계: 목표와 실행 계획을 핵심 욕구에 맞춰 조정하기

　　기술적 도전과제에 해당되는 실행 계획을 적응적 도전과제로 바꾸는

　　과정

(1) 실행을 통해 얻고자 했던 목표를 핵심욕구와 연결 지어 다시 조정하기

　　: 목표 설정 과정에서 소개한 목표 조정화 작업하기

(2) 암묵적 가정의 타당성을 검증해 보기

　　-지지하는 증거와 반대되는 증거 찾기

　　-결정적인 영향을 준 개인적인 경험을 확인하기

3. 행동습관의 연결 고리 끊기

1단계 : 행동에 대한 기능적 분석하기

(1) 특정 행동을 유발하는 선행 자극을 확인하기

(2) 특정 행동의 빈도를 증가시키는 후속 결과를 확인하기

〈예시 1〉 목표: 경청 늘리기

　　선행자극(S)　──▶　행동[경청하지 않음 (O)]　──▶　결과 (C)

• 주제와 관련 없는 장황한 이야기 • 반복적인 의견이나 이야기	• 주제나 화제 돌리기 • 무시하고 다른 이야기하기 • '됐고…….'	• 더 이상 쓸데없는 이야기를 하지 않음 • 내가 원하는 방향으로 회의가 진행됨

2단계: 행동과 관련된 연결 고리 끊기

(1) 선행 자극과 행동 간의 연결 고리 끊기: 자극 통제 방법

(2) 행동과 후속 결과 간의 연결 고리 끊기: 결과 통제 방법

〈예시 2〉 목표: 경청 늘리기

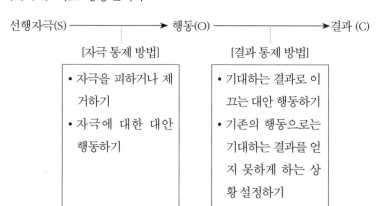

THE PSYCHOLOGY OF COACHING

10
변화를 넘어 지속 성장의 토대를 구축하라

1. 성장 잠재력 구축

코칭이 궁극적으로 지향하는 것은 변화를 넘어 지속적인 성장이다. 코칭 과정은 실행을 통해 코칭 목표가 달성되었는지를 확인하는 것으로 끝나지 않는다. 이는 구체적인 문제 해결이나 기대하는 목표 달성에 초점을 두는 거래적 학습(transactional learning)이 아니라 변환적 학습(transformational learning)에 초점을 두기 때문이다. 코칭은 단순한 지식, 기술 혹은 경험의 축적이 아니라 개인의 지식 구조를 바꾸고 더 나아가 인식체계를 전환하는 데 영향을 준다. 따라서 코칭에는 새로운 학습과 함께 발달적 요소가 포함되어 있다. 새로운 경험을 넘어서 경험에 대한 의미를 부여하고 성찰을 통해 개인의 가치와 자원들을 새롭게 발견하는 과정이 바로 코칭의 핵심이다.

코칭을 통한 성공적인 변화 경험을 꼼꼼하게 점검하고 성찰하는 과정은 자신과 타인 그리고 주위 상황에 대한 새로운 조망과 인식을 갖게끔

도와준다. 이 과정을 거치면서 피코치는 변화에 필요한 자신만의 자원과
역량을 확보하게 되는데, 이는 또 다른 변화와 성장을 위한 발판이 된다.
성장 잠재력 구축 단계에서 코치의 역할은 여러 관련 영역에 성공 경험
과 노하우를 확대 적용하고 또 다른 도전을 꿈꿀 수 있도록 동기를 북돋
는 것이다. 구체적으로 이 단계에서는 코칭 성과에 대한 객관적 평가와
피드백, 그리고 변화 경험에 대한 자기 성찰과 학습 과정이 진행된다.

> **성장 잠재력 구축의 기본 가정**
> 1. 코칭은 변화를 넘어 지속적인 성장을 지향한다.
> 2. 코칭은 성찰 학습을 토대로 한다.
> 3. 성찰을 통해 확인한 자원은 지속 성장의 동력이 된다.

자기 성찰과 학습은 개인의 변화를 넘어 코칭 종료 이후 지속적인 변
화와 성장의 토대를 구축해 준다. 동일한 목표를 정하여 이를 성취했다
고 해도 각자의 성공 요인과 성찰 내용은 다르다. 이에 따라 또 다른 변
화를 이루는 데 활용 가능한 자원도 달라질 것이다. 이는 단순히 개인차
가 중요하다는 의미가 아니다. 목표 달성 그 자체보다 이를 향해 나아가
는 과정에서 사람들은 자신의 가치, 욕구 및 성향들을 보다 명확하게 확
인할 수 있다. 또한 새로운 가치와 욕구가 생겨나고 성장에 필요한 자원
들이 발견되기도 한다. 무엇보다 성공적인 변화 경험은 이후 새로운 도
전을 스스로 기획하고 실행하고자 하는 동기로 이어질 수 있다. 피코치
가 한 단계 더 높은 수준에서 지속적인 변화와 성장을 이어갈 수 있도록
코치는 변화 과정에서의 경험에 대해 깊이 있는 성찰과 의미 있는 학습

을 도와야 한다.

자기 성찰을 포함하는 넓은 의미의 학습 과정은 코칭을 이끄는 핵심요소다. "코칭 과정에는 학습이 본질적으로 내재되어 있다."[1] "학습은 코칭의 핵심이다."[2] "코칭에서 진행되는 목표를 향한 자기 조절과 자기 성찰 과정은 효과적 학습의 잠재적 모델이 될 수 있다."[1]라는 표현과 같이, 코칭은 성찰 및 학습과정에 그 토대를 두고 있다.

새로운 지식을 발견하여 이를 관련 영역에 적용하고 기존의 지식과 경험에 통합하는 것은 개인의 발달에 있어 중요한 과정이다. 특히 코칭의 진정한 성과는 새로운 지식과 경험을 자기(self)와 통합하는 과정에서 나타난다.[3] 구체적으로 코칭에서 진행되는 주요 통합 과정은 자기와의 통합과 자기 일치성을 포함한다.[4] 예를 들어, 아무리 근사한 행동변화를 이뤘다고 하더라도 변화된 행동 따로 자신의 생각과 가치 따로 라면, 학습 경험과 진정한 자기 간의 통합이 이루어졌다고 볼 수 없다. 이는 다른 사람의 옷이나 사회적 역할 가면을 잠시 빌려 쓰고 있는 셈이다. 성과 지향적인 자신의 리더십 스타일을 시대적 트렌드인 코칭 리더십에 맞추기 위해 코칭이 진행되었다. 코칭이 진행되는 동안에 인내심을 갖고 구성원의 의견을 존중하고 인정해 주는 행동이 눈에 띄게 늘었다. 눈에 보이는 행동 변화에도 불구하고 변화된 행동에 얼마나 진정성이 있는지, 그리고 개인의 행동 레퍼토리로 온전히 장착되었는지는 또 다른 차원의 평가일 것이다.

코칭은 단순히 행동 레퍼토리를 바꾸거나 새로운 기술을 장착시키는 것을 넘어서 자신에 대한 사람들의 인식과 가치를 확장시켜 준다. 구체적인 행동에만 초점을 둔다면, 성과를 우선순위에 두고 있는 리더에게는 구성원의 별 영양가가 없어 보이는 의견에 귀 기울이는 것은 엄청난 인내심을 요구하는 것이다. 때로는 오랫동안 지켜 온 자신의 중요한 가치를 바꿔야 하는 건가라는 생각으로 고민에 빠질 수도 있다. 하지만 관점을 좀 더 확대시키거나 좀 더 근본적인 차원에서 생각해 보자. 과연 경청하기가 성과에 초점을 두는 리더의 행동과 양립이 불가능한 것일까? 경청을 하나의 행동 스킬로 생각한다면, 부족한 의견에도 불구하고 인내심을 갖고 상대방의 관점에서 듣는 것이다. 하지만 경청을 통해 얻을 수 있는 효과가 무엇인지를 질문해 보자. 그 결과, 구성원의 자유로운 발언과 참여 기회를 늘려 숨은 아이디어와 잠재능력을 더 많이 이끌어 낼 수 있을 거라는 답이 나왔다. 이런 효과는 자연스럽게 성과 창출로 연결될 수 있을 것이다.

이와 같은 기대 효과에 초점을 둔다면, 경청 이외에도 유사 효과를 발휘할 수 있는 다양한 결정적 행동이 있을 것이다. 마찬가지로 리더 개인의 가치인 성과 지향성과 경청의 효과가 교집합을 이루는 부분을 찾는다면, 자기와 행동 간의 불일치로 유발되는 인지 부조화(cognitive dissonance)[5]를 줄이고 자신의 가치를 충족시킬 수 있는 새로운 행동 항목을 추가할 수 있을 것이다. 이는 앞장에서 언급한 기술적 과제와 적응적 과제의 차이를 다시 떠올리게 한다. 경청을 할 수 없었던 자신만의 이유와 암묵적인 가정들을 확인하고 수정함으로써 자신의 가치에 부합하는 새로운 목표 수립이 가능하고 때로는 자신의 숨겨진 가정을 변화시키는 기회를 가질 수 있다. 예를 들어, 리더로서 자신의 역량을 평가하는 잣대가 단지 성과만이 아닐 수 있다는 인식의 전환도 나타났다. 또한 성과 그 자체가 아니어도 이에 영향을 주는 결정적 요인에 초점을 둔 변화가 가능하다는 생각이 든 후에는 자신의 중요한 가치를 충족시킬 수 있는 보다 유연하고 다양한 방법을 손에 쥘 수 있었다. 이것이 바로 인식과 가치 체계의 변화 과정이다.

코칭은 자기 이해와 인식을 촉진하는 과정으로 시작된다. 그 이후, 피코치가 원하는 방향으로의 목표 달성을 위해 주도적인 변화 과정이 진행되고 기대한 변화 경험을 하게 된다. 그런데 코칭이 마무리되는 시점에서 또 다른 차원의 자기 인식을 촉진하는 과정이 진행된다. 초기의 자기 인식은 '내가 지금 꺼낸 이슈가 나에게 왜 중요한가?' '이슈에 대해 나는 어떤 생각을 하고 있고 어떤 기대를 하고 있는가?' 등에 대한 의문으로 자신의 관점과 기대 및 욕구를 확인하는 것에 초점을 둔다. 바로, 코치가 전체론적 관점으로 피코치를 바라보고 피코치가 당면 이슈를 통해 자신을 다각적으로 살펴보게 하는 과정이다. 이와 비교해 본다면, 코칭 마무리 시점에서 이루어지는 자기 인식의 촉진은 더 높은 차원과 더 넓은 범위에서 자기를 재조정하고 통합하는 과정이다. 새로운 학습내용과 경험들을 통해 자신을 재조명해 보고 기존의 관점과 자기상에 학습 경험들을 포함시켜 자기를 확장시켜나가는 것이다. 앞서 예로 든 리더는 코칭을 통해 성과지향적 리더로서 성과 증진에 도움이 되는 소통 방식의 습득을 넘어 성과 증진에 직간접적으로 기여할 수 있는 요소들을 포함하는 보다 광범위한 접근을 취할 수 있게 되었다. 이에 따라 단순히 성과에만 초점을 두는 리더가 아니라 예전에는 서로 상충될 거라 여겼던 성과 중심의 리더십과 사람중심의 리더십을 보다 넓은 관점에서 동시에 바라보고 통합할 수 있는 리더로서 성장하게 된 것이다.

2. 경험과 성찰 기반 학습

앞서 소개한 바와 같이 학습은 코칭에서 핵심적 요소다. 콜브(Kolb)의
학습모델을 토대로 코칭과 멘토링 경험에 기초하여 새롭게 구성된 학습
바퀴모델[6]은 구체적 경험, 성찰, 추상적 개념화 그리고 행동화라는 총 네
단계로 이루어져 있다. 코칭에서 진행되는 학습도 이와 유사하다. 코칭에
서 목표 달성으로 얻은 성공 체험은 하나의 구체적인 경험에 해당된다.

한 팀장은 이전에 한 번도 시도해 보지 못했던 새로운 행동(예: 회의 시
본인의 의견제시 횟수를 줄이고 구성원들의 자발적인 의견 표현의 기회 늘리기)
을 실천한 뒤, 이를 통해 자신이 경험한 것들을 정리하고 성공 체험에 기
여한 외적 그리고 내적 요인들을 되돌아본다. 이 과정이 바로 경험에 대
한 성찰 과정이다. 뿐만 아니라 구성원의 자발성 증진이 업무 몰입 및 전
반적인 팀의 분위기 증진에 어떤 효과가 있는지 그리고 자신의 리더십
역량 개발에 어떤 의미가 있는지에 대한 생각으로 이어진다. 이를 토대
로 새로운 행동변화의 방향을 잡게 된다.

성찰은 과거 또는 현재의 경험에 수반되는 생각과 감정에 대해 인
지적 처리과정을 거침으로써 경험에 대한 새로운 이해와 통찰이 생겨
나고 그 결과로 새로운 의식이 형성되는 것이다.[6]

성찰은 코칭에서 진행되는 변환적 학습과정에서 중요한 요소다. 성찰
은 성공 경험의 원인을 분석해 보는 것만이 아니다. 실행 과정에서 어떤

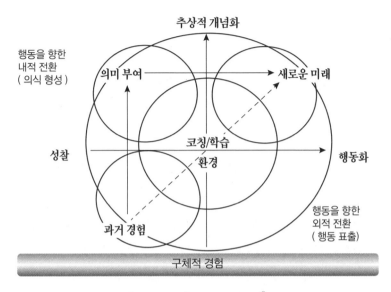

[그림 10-1] 학습바퀴모델[6]

감정과 생각이 들었는지 그리고 성공 경험을 한 뒤 자신에 대해 새롭게 확인한 점이 무엇이며, 미래에 대한 어떤 기대나 욕구가 생겼는지 등에 대해서도 성찰이 이루어진다. 이전의 자신의 모습과 변화된 자신의 모습을 비교해 보면서 자기 성찰이 깊어지고 자기 성장의 방향이 보다 구체화된다. 성찰 과정 이후 학습 과정은 상향적 전환과 전향적 전환으로 이어진다.[6] 상향적 전환은 경험을 통해 새로운 의식이 생겨나는 것으로 추상적인 개념화가 이루어진다. 즉, 구체적인 사실이나 경험을 넘어서 이에 대한 해석 혹은 의미 부여가 이루어질 수 있다. 전향적 전환은 내적 성찰이 외적 행동 변화로 직접 이어지는 것을 말한다. 예를 들면, 새로운 지식을 얻게 되고 이와 관련된 새로운 행동을 시도하는 과정이다.

　사람들이 자신의 실제 구체적인 경험에 대해 어떤 성찰을 하고 어떻게 의미 부여를 하는가는 개인의 삶과 환경을 만들어 가는 데 중요한 영향을 준다. 이는 구성주의 발달 이론의 핵심이다. 구성주의란, 사람들이 자신의 경험으로부터 지식과 의미를 새롭게 구성해 낸다는 이론이다. 이는 마치 코칭에서 상황을 바라보는 관점을 전환하고 변화 경험을 통해 기존의 사고 패러다임을 변화시키는 과정과 유사하다. 현대 사회에서 코칭이라는 접근이 필요하게 된 배경에는 지식의 축적을 넘어서 사고의 틀과 관점 전환으로 다양한 변화 상황에 적응하는 능력을 배양하고자 하는 목적이 있다. 관련 학자들이 여러 이론에서 발견된 학습 과정의 공통점을 찾은 결과, '학습 과정이란 변증법적으로 모순을 해결하는 과정'이라고 결론을 내렸다.[7] 즉, 이 과정의 핵심요소는 의식의 제고, 새로운 가능성, 복합적 관점, 세상과 자기를 바라보는 새로운 관점 그리고 세상에 대한 적극적 책임감이다.

코칭에서도 자기 성찰과 의미 부여 그리고 미래에 대한 계획 등 이성적 평가와 분석 과정들이 진행된다. 변화를 통한 성공 경험을 넘어 이에 대한 의미 부여를 하고 기존의 사고 틀인 스키마를 강화 혹은 변경하는 과정에서 질적인 전환이 이루어진다. 성장은 단순히 새로운 경험의 축적이 아니라 인식과 사고 체계의 전환을 수반한다. 자신의 경험에 가치를 부여하고 특정 요소들을 강조하며 새롭게 이야기를 만들어 가는 과정은 삶을 바라보는 관점을 바꾸고 가치에 대한 새로운 성찰을 도와준다. 사회적 구성주의와 맥을 같이 하는 것이 바로 이야기 치료이며, 최근 코칭에도 활용되고 있다.

3. 변화를 넘어 성장 지원

진정한 학습은 지식과 경험의 습득으로 끝나는 것이 아니다. 습득한 지식을 다양한 삶의 장면에 적용하고 그 과정에서 또 다른 새로운 지식과 경험을 습득하고 통합해 나가는 반복적인 과정이다.[3] 따라서 성장 잠재력 구축 단계는 코칭의 성과에 의미를 부여해 주고 새롭게 습득한 지식과 경험을 확대 적용하면서 개인의 삶에 통합하는 과정이다. 코칭이 단지 기대하는 명시적인 목표 달성과 양적인 변화를 이루는 것이 아님을 보여 주는 과정이기도 하다. 이런 맥락에서 볼 때 성장 잠재력 구축 단계는 지속적인 학습과 성장을 돕는 코칭의 마지막 단계로서 주요 작업은 다음과 같다. 첫째로 변화에 대한 통제력 증진, 둘째는 변화와 관련된 자기 성찰의 증진, 셋째는 성장 동력의 확보다. 코칭에서 성찰과 학습이 어떻게 이루어지는지 그리고 지속적인 성장의 토대를 구축하기 위해 성찰과 학습 과정을 어떻게 촉진할 것인지 구체적으로 살펴보자.

1) 변화에 대한 통제력 증진

처음 시도한 혹은 그렇게 오랫동안 쉽지 않았던 변화가 이번에는 어떤 요인이 이를 가능하게 했는지를 확인해 보자. 이는 새로운 변화 잠재력을 확인하고 자신감과 함께 개인의 긍정적 자원을 확보하는 데 필요하기 때문이다. 어떤 사람은 성공 요인으로 관점의 전환을 꼽기도 하고 자신의 가치와 부합되는 것이라는 생각에 생겨난 강한 동기를 성공 요인으로

꼽기도 한다. 또 어떤 사람은 힘들어도 실행해야겠다는 의지를 굳히는
데 주위의 관심과 지원이 도움이 되었다고 말한다. 그 외에도 예전에는
실패한 이유를 의지가 부족한 자신의 탓으로 돌려 점점 자신감이 저하되
었는데, 방법상의 변화가 결정적인 성공 요인이었다고 말한다. 그 외에
도 코치의 지지와 구체적인 피드백, 주위 사람들의 관심과 격려 등이 목
표 달성에 도움이 되었다고 말한다.

반복적인 혹은 만족스러운 수준의 성취 경험도 중요하지만, 단 한 번
의 성취 경험이라도 이를 잘 활용하여 더 도전적인 시도를 할 수 있도록
돕는 것도 큰 의미가 있다. 바로 코칭은 문제 해결로 끝나는 것이 아니라
지속적인 성장에 필요한 잠재력을 쌓아가는 데 초점을 두기 때문이다.
성장 잠재력을 증진시키는 것은 코칭이 궁극적으로 지향하는 바다. 성장
잠재력을 효과적으로 구축하기 위해서 필요한 작업이 바로 성공 경험에
대해 꼼꼼하게 평가하고 이 과정에서 확인한 성공 요소와 자원들을 확대
적용해 보도록 돕는 것이다. 코칭이 구체적인 행동 변화를 목표로 하는
과정이지만, 눈에 보이는 행동 변화의 기저에 숨겨진 과정을 이해하지
못한 채 진행되는 기법 중심의 코칭 대화는 반쪽짜리 성취에 그칠 가능
성이 높다. 그리고 지속적인 성장의 토대를 구축하는 데는 제한이 있다.
그렇다고 해서 심리 전문가의 심층적인 심리 분석 과정이 코칭에 반드시
필요하다는 것은 아니다. 변화를 이끄는 눈에 보이지 않는 요인들에 대
해서 때로는 피코치 스스로 이를 의식하고 있기도 하고 때로는 조금만
주의를 기울이면 의식할 수 있다.

사람들은 누구나 자신의 행동에 대한 통제력을 갖고 싶어 한다.[8] 더
나아가 누구나 자신의 변화에 대한 통제력을 키우고 싶어 한다. 여기서

통제력이란, 자신의 행동에 대한 객관적인 이해와 예측능력을 말한다. 따라서 변화에 대한 통제력을 갖고자 하는 욕구란 자신의 변화된 모습의 원인을 이해하고 싶어 하고 이후에는 계속해서 새로운 변화를 꾀할 수 있는 능력을 키우고자 하는 것이다. 코치는 이러한 피코치의 변화와 관련된 자기 통제 욕구를 충족시키는 데 도움을 줄 수 있어야 한다. 이를 위해서는 우연히 일어난 변화가 아닌 근거가 있는 그리고 이유가 있는 변화임을 가정하고 그 이유를 함께 이해하고 공유하는 작업을 할 수 있어야 한다. 변화에 대한 통제력 증진을 위한 주요 작업으로는, 첫째로 성공 경험을 점검하고 자원을 확인하는 것, 둘째는 성공경험의 확장을 돕는 것이다.

개인의 값진 성공 경험을 얼마나 정교하게 점검하고 평가하는가에 따라서 얻을 수 있는 부가가치는 크게 달라진다. 목표 대비 달성 수준을 양적으로 평가하여 단순 비교하는 것부터 가능하다. 업무 위임을 단계적으로 늘려가기가 목표라고 하자. 피코치는 코칭 시작 시점에서 자신을 1~10수준 중 1로 평가하였고 기대 목표는 7로 잡았다. 그리고 5개월간의 코칭 종료 시점에서 변화된 모습은 5라고 평가하였다. 목표 대비 2점이 부족하고 초기 시점 대비 4점이 증가된 것이다. 코칭 초기에 피코치는 7에 대한 구체적인 상태를 구성원별 업무 역량 파악하기-역량에 맞게 접근 방식 달리하기-업무별 위임 순서 정하기-전체 구성원 중 50%, 총 업무 중 30% 위임 완료로 보았다. 이 세부 단계를 기초로 평가한 점수가 5점인 것이다. 5점 평가가 가능했던 주요 성공 요소를 찾아봄으로써 이후 새로운 변화를 위한 자원들의 확보가 가능해진다. 그리고 이후 추가 2점을 더 높일 수 있는 주요 핵심자원이 어떤 것인지를 확인해 보는 작업이 진행된다. 성공경험의 평가에는 주위 사람들의 객관적인 피드백 자료도 포함될 수 있다. 이처럼 양적인 평가 이외에도 목표와 관련하여 코칭이전에 비해 달라진 행동이나 변화된 상황들을 점검해 볼 수도 있다. 중요한 것은 달성 여부의 확인을 넘어 새롭게 활용할 수 있는 자원들을 확보하는 것이다.

일반적으로 변화와 성장에 도움이 되는 긍정 자원은 성공 경험을 한순간에 가장 잘 떠올려지고 확인이 용이하다. 기존에 있던 자원뿐만 아니라 새롭게 발견하고 키워낸 자원이 있다면 이후 활용을 위해 명확하게 확인하고 이를 확보해 놓는 것이 도움이 된다.

평소 철저한 성과 중심의 관리로 정평이 나 있는 한 임원은 본인이 부족하다고 생각하는 정서적 소통 역량의 개발을 목표로 변화를 시도하였다. 그 결과, 자신이 구성원들에게 이렇게 관심과 애정이 많았었는지 몰랐으며, 자신의 감성적인 면들이 조직생활을 하면서 많이 잊혀졌던 것 같다고 말한다. 논리적인 사고와 의사 표현이 남들에 비해 부족하다고 느껴서 공개석상이나 회의장면에서 주로 듣기만 했던 한 임원은 적극적으로 의사 표현의 기회를 만들고 자신을 알리려고 마음먹은 결과, 계획한 행동을 실행에 옮길 수 있었고 이전 보다 자기 주장과 표현이 늘었다. 이 과정에서 임원은 자신의 의사 표현의 부족이 의외로 논리적 사고력의 문제가 아니라는 것을 알게 되었다. 그보다는 반대 의견을 제시함으로써 괜한 오해와 갈등을 불러일으킬까 봐 의사 표현을 자기도 모르게 자제해 왔다는 것을 알게 되었다.

한 번의 성공 경험으로 자신감을 얻고 가능성에 대한 기대감이 증가 되고 있는 시점이다. 코치는 피코치가 경험으로 검증한 방법들을 또 다 른 관련 상황에 확대 적용을 해 보도록 격려할 수 있다. 이전보다 피코치 는 더 적극적인 참여와 몰입으로 새로운 상황에 대한 분석과 적합한 행 동 계획들을 수립할 수 있을 것이다. 그 이유는 성취감은 긍정 정서를 유 발하고 긍정 정서는 새로운 전략과 관점을 취하는 데 도움이 되기 때문 이다. 긍정 정서의 확장 및 구축 이론[9]에 따르면 긍정 정서는 창의적이고 틀을 깨는 다양한 사고를 촉진하는 데 적합하며 필요한 정보를 수집하고 구축하는 것을 돕는다.

이 시점에서는 성공 경험을 더 많은 상황에 확대 적용하여 일반화 가 능성을 얼마나 높일 수 있느냐에 초점이 맞춰져야 한다. 예를 들어, 구성 원들과의 공감적 소통 역량을 키우는 데 자신감을 얻은 리더는 다른 부 서와의 갈등 해결상황에도 이를 적용하여 효과를 얻었다. 그 후 이전보 다 본인의 업무에 더 적극성을 보이면서 에너지 수준이 증가되었다. 특 히 현업 관련 이슈가 있어서 시작된 코칭 초기 때와는 많이 달랐다. 문제 나 골치 거리를 해결하는 것이 목적이 아니라, 새로운 도전을 시도하는 것에 초점을 두고 있기 때문이다. 이런 도전에는 유능감과 자율성 욕구 충족을 향한 강한 에너지가 담겨 있다. 자연스럽게 내적 동기가 유발되 어 코치가 권하지 않아도 주도적으로 새로운 도전을 시도하고 성공 경험 을 확대 적용해 보려는 의욕이 증가된다. 이렇게 다각적인 도전 시도는 또다시 새로운 자원들의 발견으로 이끈다. 이 과정에서 기존 자원에 새 로운 자원들이 통합되어 성장을 위한 자원의 확장이 가능해진다. 자원의 확보는 상황을 바라보는 조망을 넓히고 다양한 가치를 추구하고자 하는 동기를 증가시키므로 자연스럽게 새로운 변화 동기를 유발시킨다.

이너 게임의 저자 갤웨이(Gallwey)[10]는 사람들의 새로운 학습을 어렵게 만드는 일종의 심리적 장벽을 강조하였다. 심리적 장벽은 과거의 부정적 경험에서 유래되어 사람들이 학습에 대한 부정적인 기억을 갖게 하고 새로운 학습을 어렵게 만들어 일종의 악순환 고리를 만들 수 있다.[6] 코칭은 어떻게 보면, 최초로 혹은 이전 보다 쉽게 목표하는 바를 이루게 도와줌으로써 새로운 성공 경험을 할 수 있게 만들어 주는 기능을 한다. 또한 이 성공 경험을 토대로 이후 학습을 위한 자원 확보와 다양한 내ㆍ외적 장벽을 넘을 수 있도록 준비작업이 진행된다. 이것이 바로 변화와 성장을 위한 선순환 고리가 형성되는 시점이다.

2) 변화와 관련된 자기 성찰 증진

변화 경험에 대한 자기 성찰은 두 가지 초점에 맞춰 이루어진다. 첫째는 행동 변화와 연관된 내ㆍ외적 요소와 변화들을 함께 점검해 보는 것이고, 둘째는 성공 경험을 지속시켜 나가고 새로운 변화를 위한 토대를 구축하기 위한 과정이다. 전자는 목표 행동의 유발 여부에 영향을 주는 다양한 요소를 확인하고 더 나아가 특정 행동을 통제(하거나 혹은 하지 않거나, 더 많이 하거나 혹은 더 적게 하거나) 하는 능력을 키우는 데 도움이 되는 정보를 얻는 것이다. 후자는 작은 성공 경험이라고 하더라도 이에 대한 체계적인 분석 과정을 통해 개인의 성장 자원을 확보하고 변화의 선순환 고리를 만드는 데 필요한 장치를 마련하는 것이다.

코칭은 제한된 기간 내에 특정 목표와 특정 행동 실행 계획을 갖고 변화를 이끌어 내는 과정이다. 한 번의 코칭은 단지 성공 경험을 했다고 하더라도 개인의 전체 일과 삶의 영역에서는 단지 일부분에 불과하다. 그리고 든든한 코치의 지원과 주위의 관심으로 일시적인 변화에 성공을 했을 수도 있다. 일시적이고 일회적인 행동 변화가 아닌 언제든 마음만 먹으면 실행해 낼 수 있는 든든한 토대를 갖추는 것이 중요하다. 특정 행동에 국한된 것이라 하더라도 '이 행동만큼은 내가 자신 있게 해낼 수 있다' 혹은 '이 역량만큼은 내가 자신 있게 발휘할 수 있다'와 같은 구체적이고 근거 있는 유능감은 다른 영역의 행동으로 일반화되고 확대될 가능성이 높다.

코칭에서 변화가 일어났는지 아닌지를 가장 명확하게 확인할 수 있는 것은 바로 행동이다. 코칭 목표 달성을 위해 수립하는 계획도 모두 행동 중심의 내용들이다. 이처럼, 변화를 위한 실행 계획은 대부분 구체적인 행동에 초점을 두고 기술된다. 예를 들어, 회의 중 지시 사항 전달의 비율을 줄이기, 성과 평가 면담 시 논리적 설득 이전에 심정적 수용에 초점 두기, 성과 평가 피드백 시 명확한 기대 사항도 함께 전달하기, 결정된 전략을 전달하기 전에 담당자에게 의견을 먼저 물어보기, 팀 정기 워크숍 기획 시 구성원들의 참여 이끌어 내기, 무인 의견함을 설치하기 전에 구성원들의 의견 수렴하기 등이다. 이렇게 수립된 실행 계획이 실제로 실행에 옮겨졌다는 것은 목표 달성에 필요한 행동을 성공적으로 수행했다는 의미다. 그리고 계획한 행동들이 실제 실행에 옮겨지는 데는 행동과 연관된 다양한 심리적 요소가 작동을 하였다.

앞서 소개한 유기체라는 개념을 다시 떠올려 보자. 눈으로 확인된 것은 행동이지만, 그 속에 숨겨진 요소, 즉 생각, 감정, 동기가 있으며, 때로

는 행동을 하게 만든 상황적인 요소도 **빼놓을** 수 없다. 코칭 전에 이런 행
동을 하지 않았거나 못했던 이유는 거꾸로 생각하면 이와 같은 행동 유
발 요인들이 예전에 없었거나 약했기 때문이기도 하다. 앞으로 이런 행
동들을 더 자주 그리고 더 지속적으로 하기 위해서는 이런 관련 요소들
을 명확하게 확인해 보는 것이 중요하다. 더 중요한 것은, 여러 개의 행동
실행 경험들이 모여서 기대하는 방향으로 피코치의 모습을 변화시켰을
뿐만 아니라, 행동과 연관된 개인의 생각과 감정들도 함께 따라서 변화
된다는 점이다.

코칭 과정에서 인식과 관점의 전환이 행동 변화에 선행되기도 하지만,
때로는 행동을 바꿨더니 생각이 달라지는 경우도 있다. 예를 들어, 구성
원들의 업무 동기를 높이겠다는 생각으로 다양한 보상체계와 인센티브
마련으로 고심했었는데, 코칭에서는 좀 다른 접근으로, 개개인에 대한
개별 관심과 대화를 이전보다 더 많이 했더니 동기는 부여하는 것이 아
니라 스스로 동기를 유발할 수 있도록 지원하는 것이 중요하다는 생각을
하게 되었다. 지금까지 구성원들에 비해 월등히 높은 눈높이로 업무 지
시와 피드백을 해 왔던 리더는 눈높이를 맞춘 대화를 실행하면서 본인의
초기 조직생활 모습을 떠올리게 되었고 구성원에 대한 생각이 달라졌다
고 한다. 이에 따라, 어떻게 지시해야 하고 어떻게 업무 점검을 해야 하는
지에 대해 다시 생각을 하고 방법을 수정하였다.

개인의 관점과 사고 변화뿐만 아니라, 개인의 행동 변화에 따라 함께
변화하는 상황적 요소도 점검해 볼 필요가 있다. 행동 변화와 함께 따라
서 변화되었다는 것은 서로간의 연관성이 있다는 것이므로 의미 있게 고
려해 봐야 하는 부분이다. 예를 들어, '경청을 더 많이 하기 위해서 좀 답

답하더라도 마음을 비우고 들어줬을 뿐인데, 상대방이 나에게 더 많은 관심을 보이면서 이런 저런 의견을 물었다. 결과적으로 서로 활발하게 토론을 할 수 있었다.' '회의 중에 내가 말수를 이전 보다 줄이고 질문을 의도적으로 많이 했더니, 예상치 못했던 좋은 아이디어를 많이 얻게 되었다.' 등 처음에 기대했던 행동 변화와 결과를 넘어서 관계와 맥락상의 다양한 변화가 확인되는 경우가 있다. 이런 부가적인 연쇄 변화는 코칭의 파급 효과를 더 증폭시키고 변화된 행동에 대한 가치 부여를 돕는다. 또한 개인적 차원에서 필요에 의해 시도했던 리더의 행동들이 이와 같이 조직 차원에서 부가적인 가치를 창출해 주면, 자연스럽게 변화 행동에 더 많은 의미부여가 되고 더 적극적인 변화 노력을 하게 될 가능성이 높아진다.

성찰이 어느 수준에서 이루어지느냐에 따라 학습의 수준 또한 달라질 수 있다. 다양한 변화 경험(행동, 사고, 가치 및 인식 등에서의 변화 경험)들이 상위 수준에서 조직화되는 것이 학습의 기본 과정이다. 상위 수준에서의 통합이란 서로 간 새로운 연결 고리가 만들어지거나 서로를 함께 묶을 수 있는 새로운 틀이 만들어지는 것이다. 각각의 변화가 낱개의 독립적인 경험으로 존재하는 것이 아니라 이들이 서로를 연결되고 함께 묶이는 상위 수준의 틀이 생기게 된다. 이렇게 되면, 이후 변화의 초점은 보다 상위 수준에 맞춰 짐으로써 결과적으로 동일한 에너지와 노력으로 파급효과가 큰 변화를 이끌어 낼 수 있을 것이다.

3) 성장 동력의 확보

이전의 성공 경험을 토대로 변화에 필요한 핵심 자원을 어떻게 확보하고 이를 적절하게 활용할 수 있는가는 개인의 지속적인 성장 동력이라 할 수 있다. 바로 이것이 변화 잠재력을 구축하는 중요한 이유다. 코칭은 학습과정이다. 진정한 학습은 당면 과제를 해결해 내는 방법을 익히는 것을 넘어서서 보다 근본적이고 핵심적인 자원과 능력을 키우는 것이다. 그러므로 성장 동력을 확보하는 과정에서 코치는, 첫째로 변화 과정에서 확실한 유능감을 경험할 수 있도록 돕고, 둘째는 성취에 대한 개인적 의미 부여를 할 수 있도록 도와야 한다. 셋째는 외부의 요구나 지원 없이도 성장 동기를 스스로 유발하고 변화를 주도적으로 이끌어 가는 준비를 돕는다.

실제 자신의 노력으로 성취한 성공 경험을 통해 얻은 유능감은 이후 지속적인 변화와 성장에 핵심 자원이 될 수 있다. 자기 효능감은 특정 영역에서의 자신의 능력에 대한 믿음을 말한다.[11] 자기 효능감은 주어진 성취나 목표 달성에 요구되는 일련의 행동 과정을 자신이 조직하고 실행할 수 있다는 믿음을 말한다. 예를 들면, 효과적인 업무 위임을 위해서 어떤 준비가 필요하고 어떤 행동 전략이 필요한지를 알고 있고 이를 자신이 행동으로 옮겼을 때, 기대하는 결과를 얻을 수 있을 거라는 믿음 혹은 기대감을 말한다.

사회 인지 심리학자인 알버트 반두라(Albert Bandura)는 아동의 공격행동과 폭력적 내용의 미디어 노출 정도 간의 관련성을 주장하면서 행동학습에 있어 모델링의 중요성을 언급한 학자로 잘 알려져 있다. 그런데 알버트 반두라가 사회 인지 심리학자로 불리는 이유는 바로 자신의 행동이나 능력에 대한 개인의 기대와 믿음에 관심을 두었기 때문이다. '성공 사례로 소개된 주인공처럼 한다면, 체중 감량이 가능할까?' '저 사람은 할 수 있었을지 몰라도 난…… 힘들 거야.' 전자와 후자는 각각 다른 면에 대한 기대다. 반두라는 전자를 결과 기대로, 후자를 유능감 기대로 각각 구분하였다. 결과 기대는 행동과 그에 따르는 결과 간의 객관적 관련성에 대한 것이지만, 유능감 기대는 과연 그런 객관적 관련성이 나에게도 해당되는 것일까, 내가 해도 성공할 수 있을까에 대한 것이다. 유능감 기대는 자기 효능감이라고 더 많이 알려져 있다.

자기 효능감은 첫째, 특정 행동을 수행할 수 있다는 자신의 능력에 대한 믿음이다. 그러므로 전반적인 영역에 관한 것이 아니라 구체적인 행동에 한정된 유능감이다. 둘째, 자기 효능감은 작은 성공 경험들이 축적되어 생겨난다. 처음부터 가장 최종적으로 달성하고자 하는 목표를 두고 현재 시작점에서의 자신의 모습을 비교 평가해서는 유능감을 키우기가 매우 어렵다. 최종적인 목표가 10이라고 한다면 현재 1수준에 있는 자신과의 간극을 세부 목표로 쪼갠 다음 달성 가능성이 높은 쉬운 단계부터 차례로 시도하여 작은 성공 경험을 단계적으로 축적해 나가는 것은 자기 효능감의 왕도로 알려져 있다. 셋째, 코칭 과정에서 피코치가 변화에 필요한 다양한 방법을 수집하는 경우가 있는데, 다양한 대안을 탐색한 후 그중 가장 현실적이고 실행 가능성이 높은 안을 우선적으로 선택하여 실행 계획으로 채택하게 된다. 이는 최초의 실행 계획을 수립할 때는 성공 가능성이 가능한 높은 안을 우선적으로 고려하는 것이 자기 효능감 획득에 도움이 되기 때문이다.

자기 효능감은 앞서 소개한 자기 결정성 이론에서 내적 동기 유발에 핵심요소인 유능감 욕구와 관련이 있다. 특정 영역에서의 자신감은 다른 영역으로 확산될 가능성이 있다. 하지만 이는 결코 자동적인 과정이 아니다. 유능감이 삶의 다른 영역으로 확장되고 새로운 도전을 불러일으키는 방향으로 작용하기 위해서는 몇 가지 과정이 필요하다. 새롭게 얻은 특정 영역에서의 유능감이 자신에게 어떤 도움이 되는지, 어떤 가치가 있는지에 대해 생각해 보게 하는 것이다. 자기 개념은 자신의 능력과 역할에 대한 평가뿐만 아니라 개인의 전반적인 경험, 중요한 타인의 평가, 그리고 주위 사람들과의 상대적인 비교를 통해 형성된다. 이번 코칭 경험으로 자신감을 얻게 됨으로써 자신에 대한 생각이 어떻게 달라지게 되었는지, 주변 사람들의 평가는 어떻게 달라졌는지 등에 대해 생각해 볼 수 있도록 돕는다. 다시 말해서 자기 개념에 어떤 변화가 생겼는지 확인해 보는 것이다.

자기 효능감을 키워 주는 것 이외에도 성장 동력을 확보하기 위해 셀프 코칭과 자기 동기화 방법을 습득할 수 있도록 돕는 것이 필요하다. 지속적인 성장 잠재력을 확보하는 것에는 기본적으로 성공 경험을 통해 확인한 새로운 자원과 역량뿐만 아니라, 코칭에서 경험한 성장 욕구의 확인, 자기 인식의 증진, 주도성 증진, 변화 촉진 과정을 코치 없이 스스로 이끌어 갈 수 있는 준비를 하는 것이 포함된다. 자신이 코치가 되어 스스로에게 질문을 하고 대화를 하면서 당면 이슈와 관련하여 자기 성찰의 기회를 갖고 자신의 가치에 부합되는 개인 맞춤형 목표 설정을 하는 것이다. 코칭은 단순히 개인이 원하는 구체적인 목표 달성만을 지원하는 것만이 아니다. 코칭 과정에서 수립한 목표 달성과 성공 경험은 지속적인 변화와 성장 자원을 구축하는 원천에 해당된다. 성장을 위한 자원은 코칭에서의 성공 경험 그 자체가 아니라 이를 통한 깊이 있는 자기 성찰과 성장 자원 확보 그리고 스스로 변화를 이루어 낼 수 있는 셀프 코칭 능력을 갖추는 것이다.

코칭에 활용하기

1. 변화에 대한 통제력 증진하기

1) 변화 점검 및 확인

- 주관적인 정량 평가: 기대 목표 점수를 기준으로 했을 때, 어느 정도 달성(몇 점)했다고 보는가?
- 주관적 정성 평가: 코칭 시작 시점과 비교했을 때 목표 달성 이외에 달라진 것은 무엇인가? (업무 및 관계 만족도, 적응도 등)
- 본인의 지각: 본인이 달라졌다는 것을 무엇을 보고 알게 되었는가? 변화되었다는 것을 확인한 때는 언제, 어떤 상황에서 인가?
- 타인의 지각: 코칭 전에 비해 어떤 점이 달라졌다고 하는가?
- 핵심 행동의 확인: 코칭이 끝난 후에도 더 지속하고 싶은 행동은 어떤 것이 있는가?

2) 성공 요인과 긍정 자원의 확인

- 성공 요소 확인: 변화에 도움이 된 요인은 무엇인가?
- 성공 자원 확인: 실행 계획을 실천으로 옮기는 데 도움이 되었던 점은 무엇인가? 변화를 실행하는 과정에서 새롭게 발견한 자원이 있다면 무엇인가?
- 새로운 자원 탐색: 앞으로 또 다른 변화를 위해 활용할 수 있는 새로운 자원이 있다면 무엇인가?

3) 성공 경험의 활용

- 확대 적용: 이번 성공 경험을 적용해 볼 수 있는 것(대상, 상황 등)은 무엇인가? 새로운 영역에 적용 시 효과를 더욱 높이기 위해 조정이 필요한 부분은 무엇인가?

2. 변화와 관련된 자기 성찰 증진하기

1) 인식 및 관점 전환
- 행동 변화와 함께 이전과 달리 이슈에 대해 혹은 상황에 대해 달리 바라보게 된 점이 있는가?

2) 관계 및 상황에 미치는 영향
- 행동 변화가 업무 상황에 구체적으로 어떤 영향을 주는가?
- 주위 사람들(가족, 동료, 부하 직원 등)이 어떤 얘기를 하는가?
- 이전과 달리 주위 사람들(가족, 동료, 부하 직원 등)이 어떻게 대하는가?
- 이번 코칭 목표와 관련된 변화로 생활의 다른 영역에서의 변화가 있는가?
- 다른 영역에 영향을 주는 부분도 있는가?

3. 성장 동력 확보하기

- 수반된 인지와 감정: 실행 혹은 변화를 경험하는 동안 어떤 생각이나 느낌을 경험했는가?
- 개인적 의미: 실행과정 혹은 변화 경험이 개인적으로는 어떤 의미가 있는가?
- 분석 및 평가: 실행 혹은 변화 경험을 통해 얻은 것은 무엇인가? 새롭게 확인한 이슈나 문제점은 무엇인가?
- 결론 도출: 위의 내용들을 정리하고 향후 개선 포인트를 찾는다면 어떤 것이 있는가? 앞으로 무엇을 다르게 해 보겠는가?
- 향후 방향 및 실행 계획 수립: 이번 경험을 확장시켜 나가기 위해서 무엇을 하고 싶은가? 어떤 새로운 도전을 시도해 보고 싶은가? 이를 위해 어떤 준비를 할 계획인가?

💡 미주

01 코칭의 이해

1) Fariley, S. G., & Stout, C. (2003). *Getting Started in Personal and Executive Coaching: How to Create a Thriving Coaching Practice.* John Wiley & Sons.

2) Witherspoon, R., & White, R. P. (1996). Executive coaching: a continuum of roles. *Consulting Psychology Journal: Practice and Research, 48,* 124–133.

3) Bachkirova, T., & Kauffman, C. (2009). Editorial: The blind men and the elephant: using criteria of universality and uniqueness in evaluating our attempts to define coaching. *Coaching: An International Journal of Theory, Research and Practice, 2*(2), 95–105.

4) Whitmore, J. (1992). *Coaching for Performance* (p. 8). London: Nicolas Brealey.

5) Downey, M. (1999). *Effective Coaching.* Orion Business.

6) Hudson, F. M. (1999). *The Handbook of Coaching: A Comprehensive resource guide for managers, executives, consultants, and human resource professional* (p. 6). San Francisco, CA: Jossey-Bass.

7) Collins, G. R. (2009). *Christian coaching: Helping Others Turn Potential into*

Reality (2nd ed. p. 27). NavPress.

8) Grant, A. M. (2005). What is evidence-based executive, workplace and life coaching. In M. Cavanagh, A. M. Grant, & T. Kemp (Eds.), *Evidence-Based Coaching Vol. 1: Theory, research, and practice from the behavioural sciences* (pp. 1-12).

9) Berg, I. K., & Szabo, P. (2005). *Brief Coaching for Lasting Solution.* New York: W. W. Norton.

10) Greene, J., & Grant, A. M. (2003). *Solution-Focused Coaching: Managing people in a complex world.* London: Momentum Press.

11) Bluckert, P. (2005). The similarities and differences between coaching and therapy. *Industrial and Commercial Training, 37*(2), 91-96.

12) Grant, A. M. (2007). Past, present and future: The evolution of professional coaching and coaching psychology. In Stephen Palmer & Alison Whybrow (Eds.), *Handbook of Coaching Psychology* (pp. 23-39). Routledge.

13) Grant, A. M., & Zackson, R. (2004). Executive, workplace and life coaching: findings from a large-scale survey of International Coach Federation members. *International Journal of Evidence-Based Coaching and Mentoring, 2*(2), 1-15.

14) Sherman, S., & Freas, A. (2004). The Wild West of executive coaching. *Harvard Business Review, 82*(11), 82-90.

02 코칭과 심리학의 만남

1) Kauffman, C., & Scouler, A. (2004). Toward a positive psychology of executive coaching. In P. A. Linley & S. Joseph (Eds.), *Positive psychology in practice* (pp. 287-302). Hoboken, NJ: Wiley.

2) Grant, A. M. (2005). What is evidence-based executive, workplace and life coaching. In M. Cavanagh, A. M. Grant, & T. Kemp (Eds.), *Evidence-Based*

Coaching Vol. 1: Theory, research, and practice from the behavioural sciences (pp. 1-12).

03 코칭의 재구성

1) Grant, A. M. (2000). Coaching Psychology comes of age. *Psych News, 4*(4), 12-14.

2) Grant, A. M., & Palmer, S. (2002). Coaching Psychology. In *Workshop and meeting held at the Annual Conference of the Division of Counselling Psychology*. British Psychological Society, 18 May.

3) Palmer, S., & Whybrow, A. (2006). The coaching psychology movement and its development within the British Psychological Society. *International Coaching Psychology Review, 1*(1), 5-11.

4) Passmore, J. (2010). A grounded theory study of the coachee experience: The implications for training and practice in coaching psychology. *International Coaching Psychology Review, 5*(1), 48-62.

5) Stober, D. R., & Grant, A. M. (2006). *Evidence-Based Coaching Handbook: Putting best practices to work for your clients*. John Wiley & Sons.

04 성장 욕구를 자극하고 수용하라

1) Stober, D. R. (2006). Coaching from the humanistic perspective. In D. R. Stober & A. M. Grant (Eds.), *Evidence Based Coaching Handbook* (pp. 17-50). John Wiley & Sons.

2) Maslow, A. H. (1970). *Motivation and personality*. New York: Harper & Row.

3) Rogers, C. R. (1980). *A Way of Being*. Boston: Houghton Mifflin.

4) Cain, D. J. (2002). Defining characteristics, history, and evolution of humanistic psychotherapies. In D. J. Cain & J. Seeman (Eds.), *Humanistic*

psychotherapies: Handbook of research and practice (pp. 3-54). Washington, DC: American Psychological Association.

5) Linely, P. A., & Harrington, S. (2007). Integrating positive psychology and coaching psychology: shared assumption and aspirations?. In S. Palmer & A. Whybrow (Eds.), Handbook of Coaching Psychology (pp. 40-56). Routledge.

6) Joseph, S., & Linely, P. A. (2004). Positive therapy: a positive psychological theory of therapeutic practice. In P. A. Linely & S. Joseph (Eds.), Positive psychology in practice (pp. 354-368). Hoboken, NJ: Wiley.

05 이슈가 아닌 사람에게 초점을 맞추라

1) Spence, G. B., & Deci, E. L. (2013). Self-determination theory within coaching contexts: Supporting motives and goals that promote optimal functioning and Well-being. In S. David, D. Clutterbuck, & D. Magginson (Eds.), Beyond Goals: Effective strategies for coaching and mentoring (pp. 85-108). Gower.

2) Peterson, D. B. (2006). People are complex and the world is messy: A Behavior- based approach to executive coaching. In D. R. Stober & A. M. Grant (Eds.), Evidence Based Coaching Handbook (pp. 51-73). John Wiley & Sons.

3) Stober, D. R. (2006). Coaching from the humanistic perspective. In D. R. Stober & A. M. Grant (Eds.), Evidence Based Coaching Handbook (pp. 17-50). John Wiley & Sons.

4) Rogers, C. R. (1951). Client-centered therapy: Its current practice, implications, and therapy. Boston: Houghton Mifflin.

5) Kahneman, D. (2010). The riddle of experience vs. memory: Daniel Kahneman on TED.com.

6) Ross, L. D. (1977). The intuitive psychologist and his shortcomings: Distortions

in the attribution process. In L. Berkowitz (Ed.), *Advances in experimental social psychology* (Vol. 10). New York: Academic Press.

7) Jones, E. E. & Nisbett, R. E. (1972). The actor and the observer: Divergent perceptions of the causes of behavior. In E. Jones et al. (Eds.). *Attribution: Perceiving the causes of behavior*. Morristown, NJ: General learning press.

()6 자율적 선택과 결정의 권한을 부여하라

1) Spence, G. D., & Deci, E. L. (2013). Self-determination theory within coaching contexts: supporting motives and goals that promote optimal functioning and wel-being. In S. David, D. Clutterbuck, & D. Megginson (Eds.), *Beyond Goals: Effective strategies for coaching and mentoring* (pp. 85-108). Gower.

2) Deci, E. L., & Ryan, R. M. (1985). *Intrinsic Motivation and Self-Determination in Human Behavior*. New York: Plenum Press.

3) Ryan, R. M., & Deci, E. L. (2000). Self-determination theory and the facilitation of intrinsic motivation, social development, and well-being. *American Psychologist, 55*(1), 68-78.

4) Deci, E. L., & Ryan, R. (2002). An overview of self-determination theory. In E. L. Deci & R. Ryan (Eds.), *Handbook of Self-Determination Research* (pp. 3-33). Rochester, N.Y.: University of Rochester Press.

5) Deci, E. L., & Flaste, R. (2011). 마음의 작동법: 무엇이 당신을 움직이는가 (*Why we do what we do: Understanding self-motivation*). (이상원 역). 서울: 에코의 서재(원저는 1996년에 출판)

6) 이희경(2014). 코칭심리 워크북. 서울: 학지사.

7) Spence, G. B., & Oades, L. G. (2011). Coaching with self-determination in mind: Using theory to advance evidence-based coaching practice.

International Journal of Evidence Coaching and Mentoring, 9(2), 37-55.

8) 이희경(2005). 코칭입문. 서울: 교보문고.

9) Rogers, C. R. (1951). *Client-centered therapy: Its current practice, implications, and therapy.* Boston: Houghton Mifflin.

10) Grant, A. M. (2013). New perspectives on goal setting in coaching practice: An integrated model of goal-focused coaching. In S. David, D. Clutterbuck, & D. Magginson (Eds.), *Beyond Goals: Effective strategies for coaching and mentoring* (pp. 55-84). Gower.

()7 변화 준비도를 점검하고 전략을 수립하라

1) 김은정(2011). 정서, 변화의 핵심요소. 제8회 대한민국 코치 대회 발표자료.

2) Moore, M., & Tschannen-Moran, B. (2010). *Coaching Psychology Manual.* NY: Lippincott Williams & Wilkins.

3) Darwin, C. (1872). *The Expression of the Emotions in Man and Animals.* John Murray.

4) Isen, A. M., Daubman, K. A., & Nowicki, G. P. (1987). Positive Affect Facilitates Creative Problem Solving. *Journal of Personality and Social Psychology, 52*(6), 1122-1131.

5) Fredrickson, B. (2003). The Value of Positive Emotions: The emerging science of positive psychology is coming to understand why it's good to feel good. *American Scientist, 91*, 330-335.

6) Fredrickson, B. (2009). *Positivity: Groundbreaking Research Reveals How to Embrace the Hidden Strength of Positive Emotions, Overcome Negativity, and Thrive.* Crown Archetype.

7) Prochaska, J. O., Norcross, J. C., & Di Clemente, C. C. (1994). *Changing for Good: a revolutionary six-stage program for overcoming bad habits and*

moving your life positively forward. NY: William Morrow and Company.

8) 이희경(2014). 코칭심리 워크북. 서울: 학지사.

08 목표를 향한 자기 조절 과정을 도와라

1) Grant, A. M., & Cavanagh, M. (2007). The goal-focused coaching skill questionnaire: Preliminary findings. *Social Behavior and Personality: An International Journal, 35*(6), 751-760.

2) Grant, A. M. (2013). New perspectives on goal setting in coaching practice: an integrated model of goal-focused coaching. In D. Susan, D. Clutterbuck, & D. Megginson (Eds.), *Beyond Goals: Effective strategies for coaching and mentoring* (pp. 55-83). Gower.

3) Carver, C. S., & Sheier, M. F. (2011). Self-regulation of action and affect. In Kathleen D. Vohs & Roy F. Baumeister (Eds.), *Handbook of Self-Regulation, Second Edition: Research, Theory, and Applications* (pp. 1-21). NY: Guilford Press.

4) Kanfer, F. H. & Schefft, B. K. (1987). Self management therapy in clinical practice. In Neil Jacobson (Ed.), *Psychotherapists in clinical practice cognitive and behavioral perspectives.* NY: Gilford Press.

5) Carver, C. S., & Sheier, M. F. (1998). *On the self-regulation of behavior.* Cambridge, UK: Cambridge University Press.

6) Grant, A. M. (2012). An integrated model of goal-focused coaching: An evidence-based framework for teaching and practice. *International coaching psychology review, 79*(2), 146-165, p. 148.

7) Whitmore, J. (2002). *Coaching for Performance: Growing People, Performance and Purpose* (3rd ed.). London: Nicholas Brealey.

8) Locke, E. A., & Latham, G. P. (2009). Has goal setting gone wild, or have

its attackers abandoned good scholarship?. *Academy of Management Perspectives, 2*, 17-23.

9) Dweck, C. (2011). 성공의 새로운 심리학 (*MINDSET: The New Psychology of Success*). (정명진 역). 서울: 도서출판 부글북스. (원저는 1998년에 출판)

10) Lock, E. A., & Latham, G. P. (2002). Building a practically useful theory of goal setting and task motivation. *American Psychologist, 57*(9), 705-717.

11) David, S., Clutterbuck, D., & Megginson, D. (2013). *Beyond Goals: Effective strategies for coaching and mentoring*. Gower.

12) Deci, E. L., & Flaste, R. (2011). 마음의 작동법: 무엇이 당신을 움직이는가 (*Why we do what we do: Understanding self-motivation*). (이상원 역). 서울: 에코의 서재. (원저는 1996년에 출판)

13) Higgins, E. T. (1997). Beyond pleasure and pain. *American Psychologist, 52*, 128-130.

14) 이희경(2014). 코칭심리 워크북. 서울: 학지사.

()9 변화를 가로막는 저항 요인을 확인하라

1) Miller, W. R., & Rollick, S. (2006). 동기강화 상담: 변화 준비시키기 (*Motivational Iinterviewing: Preparing People for Change* (2nd ed.). (신성만, 권정옥, 손명자 공역). 서울: 시그마프레스. (원저는 2002년에 출판)

2) 신성만(2013). 동기 강화 워크숍 자료.

3) Bem, D. J. (1972). Self-perception theory. *Advances in Experimental Social Psychology, 6*, 1-62.

4) Kegan, R., & Lahey, L. L. (2012). 변화 면역(*Immunity to Change: How to Overcome It and Unlock the Potential in Yourself and Your Organization* (오지연 역). 서울: 도서출판 정혜. (원저는 2009년에 출판)

5) Heifetz, R. (1998). *Leadership Without Easy Answers*. Cambridge, MA:

Harvard University Press.

6) David, S., Clutterbuck, D., & Megginson, D. (2013). *Beyond Goals: Effective strategies for coaching and mentoring.* Gower.

7) Skinner, B. F. (1953). *Science and human behavior.* The Free Press: Simon and Schuster. NY.

8) Hanley, G. P., Iwata, B. A., & Mccord, B. E. (2003). Functional analysis of problem behavior: A review. *Arington Developmental Center Journal of Applied Behavior Analysis, 23,* 147-185.

10 변화를 넘어 지속 성장의 토대를 구축하라

1) Griffiths, K. (2005). Personal coaching: a model for effective learning. *Journal of Learning Design, 1*(2), 55-65.

2) Skiffington, S., & Zeus, P. (2003). *Behavioral coaching* (p. 30). Sydney: McGraw-Hill.

3) Griffiths, K., & Campbell, M. (2009). Discovering, applying and integrating: The process of learning in coaching. *International Journal for Evidence Based Coaching and Mentoring, 7*(2), 16-31.

4) Grant, A. M. (2006). An integrative goal-focused approach to executive coaching. In D. Stober & A. M. Grant (Eds.), *Evidence Based Coaching Handbook* (pp. 153-192). NY: Wiley.

5) Festinger, L. (1957). *A Theory of Cognitive Dissonance.* Stanford, CA: Stanford University Press.

6) Law, H., Ireland, S., & Hussain, Z. (2010). 코칭심리(*The Psychology of Coaching, Mentoring and Learning.* p. 66, 82, 97). (탁진국 외 공역). 서울: 학지사. (원저는 2009년에 출판)

7) Taylor, K., Marienau, C., & Fiddler, M. (2000). *Developing Adult Learners-*

Strategies for Teachers and Trainers. San Francisco: Josssey-Bass.

8) De Charms, R. (1968). *Personal Causation: The Internal Affective Determinants of Behavior*. NY: Academic.

9) Fredrickson, B. (2003). The Value of Positive Emotions: The emerging science of positive psychology is coming to understand why it's good to feel good. *American Scientist, 91*, 330-335.

10) Gallwey, W. T. (2000). *The Inner Game of Work*. NY: Random House.

11) Bandura, A. (1977). Self-efficacy: Toward a Unifying Theory of Behavioral Change. *Psychological Review, 84*, 191-215.

저자 소개

김은정(Kim Eunjeong)

연세대학교 심리학과에서 처음 심리학을 만난 후, 동 대학원에서 임상심리학을 전공으로 석사와 박사 학위를 받았다. 서울대학교 의과대학 신경정신과에서 임상심리 수련과정을 거쳐 모교 학생상담소에서 전임상담원으로 일하였다. 임상심리학자로서 심층적인 심리평가, 심리치료 그리고 심리적 적응을 돕는 다양한 프로그램 개발과 운영 등 20년 이상의 임상심리실무 경험을 갖고 있다. 10년 전부터 비즈니스 전문 코치로 활동하면서 코칭의 학문적 근거를 확보하고 코칭의 효과성을 높이기 위해 다양한 심리학적 접근을 시도해 왔다. 현재 한국코칭심리학회 이사로 활동하고 있으며, 한국심리학회에서 인증하는 코칭심리사 1급, 임상심리전문가 그리고 보건복지부 인증 정신보건임상심리사 1급 자격을 가지고 있다. 휴 파트너즈(HuE Partners) 대표로서 코칭심리 전문가로 활동하고 있으며 기업의 리더를 대상으로 리더십 개발 코칭 실무와 함께 대학에서 코칭심리 관련 강의와 슈퍼비전을 진행하고 있다.

코칭의 심리학:
심리학 기반의 코칭 접근

The Psychology of Coaching:
An Approach to Psychology-Based Coaching

2016년 5월 30일 1판 1쇄 발행
2019년 8월 30일 1판 3쇄 발행

지은이 • 김 은 정
펴낸이 • 김 진 환
펴낸곳 • (주) **학 지사**
　　　　04031 서울특별시 마포구 양화로 15길 20 마인드월드빌딩 5층
대표전화 • 02) 330-5114　　팩스 • 02) 324-2345
등록번호 • 제313-2006-000265호
홈페이지 • http://www.hakjisa.co.kr
페이스북 • https://www.facebook.com/hakjisabook

ISBN 978-89-997-0946-3 03180

정가 **14,000**원

이 도서의 국립중앙도서관 출판시도서목록(CIP)은 서지정보유통지원시스템 홈페이지(http://seoji.nl.go.kr)와 국가자료공동목록시스템(http://www.nl.go.kr/kolisnet) 에서 이용하실 수 있습니다.
(CIP제어번호: CIP2016008038)

출판 · 교육 · 미디어기업 **학지사**

간호보건의학출판 **학지사메디컬** www.hakjisamd.co.kr
심리검사연구소 **인싸이트** www.inpsyt.co.kr
학술논문서비스 **뉴논문** www.newnonmun.com
원격교육연수원 **카운피아** www.counpia.com